操盘手实战战法二十招

庞宇明 著

ACTUAL COMBAT
METHOD OF THE TRADER

横向分析热点个股的K线图、分时图走势

纵向分析主流板块、板块间轮动，全方位综合分析筛选热点板块及个股

经济管理出版社
ECONOMY & MANAGEMENT PUBLISHING HOUSE

图书在版编目（CIP）数据

操盘手实战战法二十招 / 庞宇明著 . —北京：经济管理出版社，2023.4
ISBN 978-7-5096-9005-5

Ⅰ.①操… Ⅱ.①庞… Ⅲ.①股票交易—基本知识 Ⅳ.① F830.91

中国国家版本馆 CIP 数据核字（2023）第 076050 号

组稿编辑：杨国强
责任编辑：白　毅　杨国强
责任印制：许　艳
责任校对：王淑卿

出版发行：经济管理出版社
　　　　　（北京市海淀区北蜂窝 8 号中雅大厦 A 座 11 层　100038）
网　　　址：www.E-mp.com.cn
电　　　话：（010）51915602
印　　　刷：唐山昊达印刷有限公司
经　　　销：新华书店
开　　　本：720 mm × 1000 mm/16
印　　　张：14.75
字　　　数：206 千字
版　　　次：2023 年 5 月第 1 版　2023 年 5 月第 1 次印刷
书　　　号：ISBN 978-7-5096-9005-5
定　　　价：48.00 元

目录

第一课　驰骋股市先抓龙头

各位股民朋友们大家好，欢迎来到——新华操盘手实战训练营，今天为大家介绍一套系列课程《操盘手实战战法二十招》，本系列课程共二十节课程，对于初入股市的新手或者基础不太牢的朋友来说，可能有些难，希望大家仔细阅读，本课程尽量做到通俗易懂，运用实战技术去抓龙头。相信你通过学习这套系列课程之后，能够"韭菜变镰刀"，驰骋股市，成为一名合格的操盘手，实现财富自由，尽早上岸，达到人生巅峰。

今天介绍第一节课，也是非常重要的一节——驰骋股市先抓龙头。

俗话说：大海航行靠舵手，万物生长靠太阳。股市就要靠龙头来领航，没了龙头股市行情难以维系，所以在任何市场环境中，一定会有各式各样的龙头出现，小龙头今天先不去讨论。

我们主要讲的是在这个市场中能够一飞冲天，并引领着板块、引领着市场、引领着资金的流向，能够搅动起整个市场的炒作情绪——板块中的龙头标的。

那么如何定义龙头和发现龙头呢？如何针对核心龙头去进行跟踪操作呢？核心龙头是如何带领整个市场往上涨的呢？本节课将重点解析这些内容，目的是通过学习、领悟，最终把战法运用到实战中，并且熟练地捕捉到核心龙头，驰骋 A 股市场。

核心龙头会带动整个市场活跃起来，市场活跃，股票就炒起来了，纵然没有买到核心龙头，也可以定位到龙头，买龙头周边的"小弟"，这也是不错的选择。

一、什么是核心龙头

（一）定义

当市场长期处于低迷期，行情原地踏步缺乏赚钱效应时，大部分人赚不到钱。此时，第一只走出赚钱效应，并且带领整个板块跟随着该只股票的做多意愿，提高市场整体或局部情绪活跃度的个股叫作龙头股。

龙头股的出现，会在一段时间内引领整个行情或某个题材大涨，龙头股则是其中涨势最猛、最出众、人气最足的个股。市场情绪高涨、资金大量流入进一步促使龙头股大涨。龙头股是由资金打造出来的，并且经常受到短线资金的追捧，这也是游资的最爱。

（二）龙头的特点

（1）所谓核心龙头就是占据市场绝对性主导地位、没有其他个股能撼动其地位的个股。它不仅能带动市场题材板块上涨，还能持续带动市场的情绪周期，从而穿越多个小周期成为市场的总龙头。核心龙头是股市赚钱效应的标杆，也是股民投资的指南针。

（2）市场的总龙头是由板块龙头竞争而来的，其从众多板块龙头中脱颖而出，是从各个板块中竞争出来的"老大"。当市场处于赚钱效应中时，会出现多个板块龙头。

有的股民说这个像龙头，有的股民说那个有龙头基因，到底是不是龙头呢？很难说出准确的答案，龙头和"妖股"一样，从来都不是设计出来的，没人能准确预判龙头，龙头是竞争出来的，是整个市场情绪活跃度与大量资金合力的产物。

举个例子，我们把股市比作一所学校，学校有四千个学生，有好学生也有差生，分好的班级就好比每个板块，我们把市场当中最优秀、最强势的个股板块称为龙头板块，在学校中我们称为"尖子班"，只不过股票市场中的"尖子班"经常会发生龙头切换。所谓核心龙头，就是代表学校实力的"尖子班"，它是当下市场中最有人气、最具有赚钱效应的一个板块，是板块中起"扛旗"作用的那几只个股。

二、龙头如何演绎

市场龙头会经历三段接力：

（1）先有逻辑。市场第一批人先发掘逻辑并开始炒作，之后市场有了盈利效应，有更多的人开始关注，此时逻辑已经炒完，因为是龙头，它具有一定延续性，所以接下来开始炒情绪。

（2）后炒情绪。由于更多的人认可了之前的逻辑，当逻辑炒完后，市场的情绪被调动起来，就开始炒情绪，这个时候是没有理由的，大家情绪高涨，拼命买进去。

（3）最后余波。情绪炒完之后，就像地震后的余震，不会马上停止，开始炒余波。

小结：整个龙头板块从底部炒到顶部，中间不断有龙头进行接力，将整个板块、整个市场情绪通过龙头接力的方式，按照炒逻辑、炒情绪、炒余波的阶段从底部炒到顶部。

三、具体案例

下面用一些具体的案例，来进一步阐述市场的核心龙头是如何在竞争中产生的，核心龙头是如何通过炒逻辑、炒情绪、炒余波将整个碳中和板块从底部推至顶部的。

案例一 （603126 中材节能）

走势详见图1。

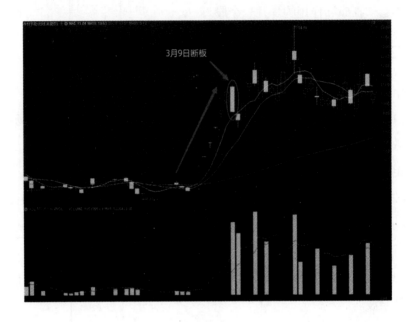

图 1

行业逻辑： 在 2021 年上半年的一波行情当中，<u>碳中和走出了市场龙头</u>板块的气势。国家定调绿色发展战略，2030 年前碳达峰，2060 年实现碳中和。碳中和是排放的碳与吸收的碳达到中和，并不是不排放碳，只是被吸收从而实现低碳生活，碳中和将是"十四五"期间乃至更长时间周期的<u>确定性主题</u>。

那么碳中和板块中的核心龙头是谁呢？刚开始启动的时候谁也不能确定，但是走了一段时间后，中材节能脱颖而出。最开始炒逻辑时炒的就是中材节能，中材节能从 2021 年 2 月 26 日开始打出了七个板的高度，大家都认可了"碳中和"这个题材，很多投资者开始关注碳中和，但是由于处在高位很难去买，如果去买很容易高位接盘。

我们对比来看另外一只股票。

案例二　（300234 开尔新材）

走势详见图2。

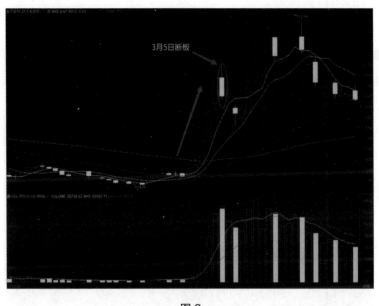

图2

　　在碳中和这波行情中，第一波借着碳中和题材往上涨的股票中，伴随着中材节能一起涨的还有开尔新材，它也是连续涨停板，虽然它和中材节能是"师兄弟"一起往上涨，但是它在2021年3月5日就断板了，结果只剩下中材节能还在涨，意味着中材节能在竞争中脱颖而出，成为当之无愧的碳中和第一波上涨行情中的龙头。

　　开尔新材虽然是强势股，但它不是核心龙头，虽然后面又涨了一波，但这一波是被其他龙头股带动起来的，你要想买是没有问题的，但我们主要关注龙头股，也就是涨得最快、赚钱最多的龙头。所以，这两只股票一作比较，我们还是选择中材节能。

　　我们继续往下分析，第一波中材节能作为逻辑龙头，在3月9日断板了，这个时间点非常重要，这为我们分析后续接板龙头提供了时间标杆。此次断板意味着逻辑已经炒完，开始炒情绪，但是在碳中和这个板块中谁是情绪的接力者呢？中材节能在 3 月 9 日断板后，作为老龙头倒下来了，那中材节能断板后还能算龙头吗？在碳中和题材中有没有新的龙头老大呢？我们接着分析案例。

案例三　（600744 华银电力）

走势详见图 3。

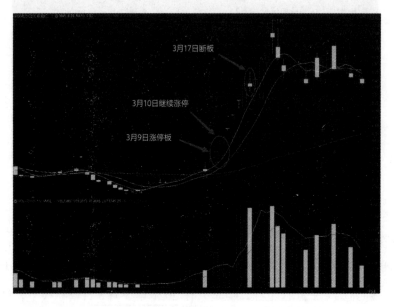

图 3

龙头断板后只能算作老龙头，我们要找到新龙头来接力中材节能，老龙头中材节能在 2021 年 3 月 9 日 "挂掉" 了，新龙头华银电力在 3 月 9 日涨停，我们关注它，3 月 10 日继续涨停，就意味着华银电力具备了新龙头基因特征，龙头气质就出来了，可以作为接力的情绪龙头。

因为老龙头中材节能打出了七个板的高度，所以新龙头华银电力也应该是七个板范围内，那么此时有与华银电力竞争第二波龙头的 "同门师兄弟" 吗？

案例四 （300621 维业股份）

走势详见图 4。

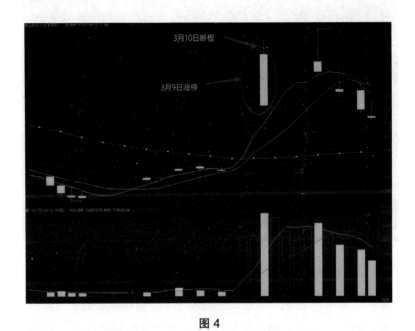

图 4

维业股份 3 月 9 日也是涨停，与华银电力不相上下，但是 3 月 10 日直接断板，这就意味着维业股份退出了竞争的行列，那么华银电力还有竞争者吗？

案例五 （002178 延华智能）

延华智能 2021 年 3 月 9 日一字板强势涨停，但是 3 月 10 日也断板了，这意味着它也退出了竞争二波龙头的行列，那么三者之间谁是新的龙头呢？显然就是华银电力，其后续一路涨停，加速板一字板一直涨到 3 月 17 日断板，这个时间节点非常重要。走势详见图 5。

既然华银电力是竞争出来的新龙头，就意味着我们可以强势狙击，因为龙头标签已经证明了它的"江湖大哥"地位，做股票就要做龙头股强势股，华银电力就是这样的股票，此时你追进去，后面的加速板就稳稳拿住了，至于什么时候出货，以后的课程中会详细介绍。

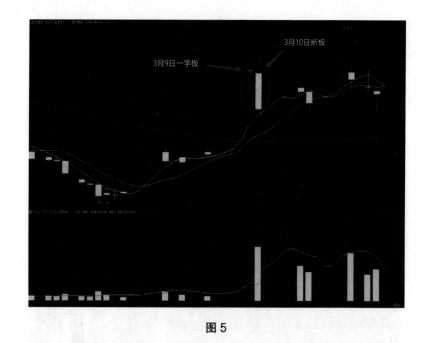

图5

华银电力3月17日出现断板，逻辑炒完了，情绪也炒完了，要看这个板块中谁来接力余波龙头，那么在3月17日整个碳中和题材中，有没有后续接力的新的"江湖老大"？有没有新的核心龙头出现？我们来看另一只股票。

案例六 （003039 顺控发展）

华银电力3月17日断板，顺控发展3月17日涨停，意味着顺控发展有接力第三波龙头老大的潜质，它3月18日继续涨停，就意味着它接过了整个碳中和题材的余波龙头，成为第三波龙头老大。走势详见图6。

强调一点，强势龙头股最先炒的是逻辑，炒完之后整个市场被调动起来；开始炒情绪，大家情绪高涨纷纷买入；情绪炒上去之后，开始炒余波，也就是炒最后一段的加速赶顶，加速上涨一段时间后，开始降温，就像平静的湖面扔了一块石头，中心波动最大，越到远处波动越小，而后恢复平静，有一种"余音绕梁"的味道。余波就是最后一次疯狂，顶部出现之后，剩下的就是"一地鸡毛"。

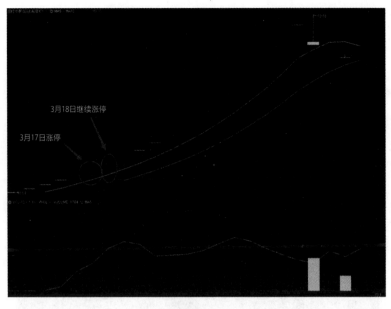

3月18日继续涨停

3月17日涨停

图 6

小结：一个板块的龙头接力分为三步：第一步是炒逻辑，当逻辑炒高后炒情绪，情绪炒高后再炒余波，这三个阶段会孕育出核心龙头。我们观察捕捉个股的时候，就看当它的老龙头发生断板以后的情形，此时能够在这个板块中继续涨停，并且连续在次日接力涨停的那只个股就是下一波龙头。

当时大家都在炒碳中和并且炒得非常高，就显得有些苍白无力，当市场缺乏某些题材炒作时，市场就会叠加题材，在余波炒作当中就会叠加次新股。

次新股就好比一盘菜的调味剂，行情叠加了主线的一个板块，再搭配叠加一个次新股，因为次新股的人生才刚刚开始，在市场当中有新故事可以书写，所以余波的龙头往往会叠加次新股这个题材，顺控发展则是余波中新的龙头老大。

3月17日华银电力倒下后，顺控发展开始接力，3月18日继续涨停，所以新的龙头就产生了，市场就是通过这种龙头接力的方式不断地向上推高。

刚才讲了核心龙头是竞争出来的，那当时有没有与顺控发展竞争的"同门小弟"呢？

案例七　（002996 顺博合金）

走势详见图 7。

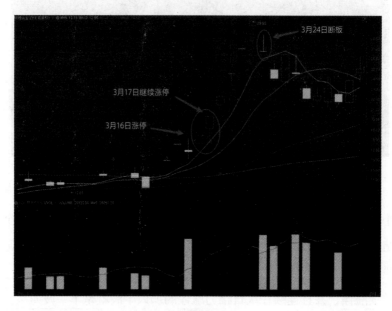

图 7

3 月 16 日顺博合金与顺控发展一起涨停，3 月 17 日依然涨停，它们比翼双飞，形成了市场中并行的碳中和龙头，然而顺控发展 4 月 14 日断板，但顺博合金 3 月 24 日就"挂掉"了，意味着顺控发展里面的主力资金在竞争中脱颖而出，顺控发展成为最后一波碳中和的核心龙头。当顺博合金 3 月 24 日断板之后，顺控发展确认成为龙头老大，那后面连续的七个板就可以进行追击。

我们做强势股、分析核心龙头的时候，通过竞争筛选的方式确定市场的核心龙头到底是哪一只，如果确定了是这一只，后面的涨停板就不仅是一两个，这就是做龙头股的方法。

四、龙头的本质

龙头股的特性就是领涨，同时还能领涨市场或板块，它是在市场赚钱周期中孕育出的产物，但龙头股不一定是连板股，龙头股是具有领涨性质的个股。对于板块和市场整体的氛围有带动作用的才是龙头股，龙头的带动效应就是龙头不倒，那么市场的赚钱效应就会持续。我们经常看到龙头一倒，跟风股纷纷崩盘。因为核心龙头在，市场资金就会有标杆，高度板存在，低位板的套利就会持续。**核心龙头的产生，是因为它在某时间节点上是一只正确的股票，而不是因为这只股票是正确的。**

当老龙头涨到一定的高度时，会给板块定一个标杆，老龙头断板的那一天，如果新龙头没有跟上，那这个板块就完结了，接下来会有新的热点。

当一个板块拉上来以后，老龙头出现了断板，而此时板块里有新的个股能接力，这就是资金的情绪转移，接下来就会炒作情绪，当情绪炒到一定高度，整个市场被带动起来，市场情绪赚钱效应起来后，就会带来一定的惯性上涨，就是我们说的余波，余波龙头继续接力把它炒得很高，龙头炒作基本就是这三段。

然而市场的复杂性还体现在，总会有新的逻辑、新的情绪被调动起来，此起彼伏，使得板块就像天空中飘浮的气球一样，当它要掉下来的时候，市场又会增加一些新的逻辑点给它，使整个市场活跃起来，让它更上一层楼。

小结：做股票找强势龙头股，通过筛选对比，从市场中选出龙头股。如果捕捉到这只龙头股，那就如同挥舞着镰刀去割韭菜，涨停板会蜂拥而至，抓龙头选对方法助你成功上岸。

第二课　低吸模式的精髓

　　龙头股指的是某一时期在股票市场炒作中，对同行业板块的其他股票具有影响力和号召力的股票，龙头股就是在市场中涨势最猛、涨得最亮眼那只股票。

　　龙头股的涨跌往往会对同行业板块股票的涨跌起引导和示范作用，就像一部电影的主角，不仅带动整个板块上攻，还能使整个市场人气回归、情绪高涨，这样的个股叫作核心龙头。

　　然而龙头股并不是一成不变的，它的地位往往只能维持一段时间，之后资金便会去追逐低位股。所以在股市中有很多投资者都愿意低吸，低吸意味着有反压、更便宜的价格可以买到，而追高很容易追到山顶上，然而并不是所有的股票都可以低吸，要有选择性。

　　本节课程在理论方面稍微有些晦涩，很多投资者可能不太习惯，但是该做的功课一定要做，把理论吃透了，后面的操作都是延伸出来的，会变得顺其自然、得心应手，一点通就全通了，操作上游刃有余，希望大家都能学会学精，做到融会贯通。

一、短线交易常用的手法

　　我们知道做短线有几种常用的交易方法：低吸、半路、打板、潜伏。接下来简单介绍一下：

　　（1）低吸就是在上涨过程中一个回踩做短线低吸。

　　（2）半路是一只股票拉起来后，在上涨途中的一个追高，成本会比较高。

（3）打板是短线投资者的最爱，涨停价挂单排队成交后，第二天高开出货，手法很激进，但风险非常大，第二天很有可能低开。

（4）潜伏是在初期买入，伺机而动，主动性买套，把仓位慢慢布局开来，等待股票上涨，时间成本高，何时启动不确定，横盘时间有多长，涨幅就有多高。

实战中的交易不限制于任何模式或手法，四种方法各有利弊，需要认真学习才能熟练运用，当达到一定境界后，对市场和盘面的理解就会更加深刻，今天我们主要讲低吸的手法，低吸模式的难度稍微小一点，也比较容易理解。

二、低吸的作用

（一）技术面

股票通常都采用"N"型的方式上攻。上涨初期，当它的趋势突破了某个重要位置而发生改变时，市场的情绪便带动了市场的交易热情，个股就被带动起来，之后它会受到一定的反压，这是因为当市场的获利盘积累到一定的程度时，投资者获利出局。

获利盘积累是因为很多投资者抱有这样一种心态：今天买了股票明天就想卖，或者今天买了明天涨停板不卖，后天没有封涨停就立刻卖掉。他们往往拿不住股票，一旦有盈利就立刻卖出，当这样的情绪积累得比较多时，容易形成反压。

此时主力还没有做完这波行情，很多短线客就纷纷下车，导致抛压过重，整只股票就被打下来。行情通常会调整1~3天，但股价始终没有走破位，市场的情绪也没有退潮，这就给我们的低吸带来了机会。

在股票上涨的过程中，当主力不得不做出调整的时候，我们把它买进来，这个价格非常有性价比，而且买进去时间成本非常低，这就是我们低吸的原因。

案例一 （603126 中材节能）

走势详见图 8。

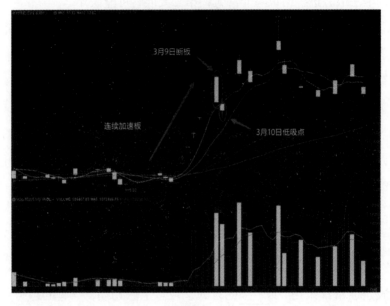

图 8

中材节能是碳中和题材的龙头股，它是第一个跑出来的龙头。

行业逻辑： 当时政府提出了一个政策性纲领，向世界宣布要在 2030 年实现碳达峰，2060 年实现碳中和，中材节能第一个响应，之后连续加速板上攻，此时低吸比较难，除非打板挂单，这需要有一定的盘感技巧，后面的课程中会介绍这种方法。

那么这种股票如何低吸呢？3 月 9 日出现断板，一根阴线掉了下来，但这根阴线不可以买，低吸并不是龙头断板了就去买，而是要看中材节能的继任者是谁。

3 月 9 日中材节能断板后，碳中和板块中一共有三只股票涨停——华银电力、维业股份、延华智能，它们竞争碳中和板块的新龙头，看哪只股票可以继续连板，事实证明第二天只有华银电力站了出来，成为中材节能之后的新龙头，接过了碳中和的龙头大旗，又把碳中和的人气聚拢了起来，此时就意味着以前碳中和的老龙头中材节能可以低吸，3月10日就是一个低吸点。由于华银电力的涨停，碳中和情绪回归，中材节能也被带动起来继续上攻。

　　小结：炒股票做龙头股的时候并不是瞄准一个龙头，看它跌到了什么位置去简单操作，而是要有大局观，要从整个板块出发，看它有没有继任者能扛起板块大旗，如果有接力龙头出现，那原来的老龙头就可以去低吸，中材节能3月10日就是相当好的低吸点。

　　（二）资金面

　　你选择一只股票低吸，肯定要预判这只股票是否有资金重新进入。如果是游资，喜欢"一日游"，拉了两个板马上跑掉一去不复返，出货导致股票下跌，此时买入就做了接盘侠，所以我们要关注有没有资金回流。

　　图9为某只股票示例。

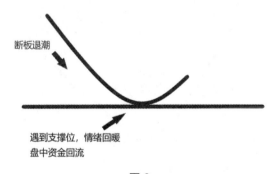

断板退潮

遇到支撑位，情绪回暖
盘中资金回流

图9

　　首先，该股作为龙头股出现断板退潮，刚开始退潮肯定不能追，你不知道资金能不能回流，所以不要看到阴线就买入，那样会非常吃亏，因为你不知道主力资金下一步想做什么。

　　其次，在情绪回暖时，它遇到支撑位，盘中资金开始流入，把整个情绪调动起来，这意味着整个炒作还没有结束，整个板块的节奏还没有被改变，所以我们才会考虑低吸它。

　　最后，必须注意一点，涨的那天不能追高，资金会在反弹的时候立刻出来，因为主力资金也很谨慎，它也会考虑整个市场的情绪周期，有没有最终被它带动起来，所以我们要进行跟踪。

所谓的低吸，不一定是盘中反压出现的低点，不是这么简单，我们还要进行跟踪观察，看有没有资金回流。

小结：强势股出现断板后有一个回落，这个回落不能追，遇到支撑位以后有一些反弹，这个反弹是一个情绪的回暖，如果这个情绪的回暖有持续性，就很有可能走出龙头股第二波，龙头股第二波在之后的课程中会讲到。

情绪回暖后主力也很小心，也在做测试，如果这个反弹没有到位，很有可能反手顺势做空，继续去寻找那个情绪回暖的点，所以当它有反弹的时候，反而是要卖掉，卖掉了以后再关注它对下方支撑力度的确认，同时还要关注整个板块的一个情绪的回归。具体如图 10 所示。

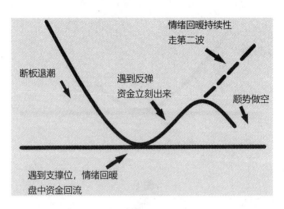

图 10

这里相对来说比较复杂，有一些细节需要观察，本节课先不讲得太过复杂，以免给大家带来困扰，先大概讲几个框架，最终了解怎么做就可以，原理上希望通过文字、绘图、案例让大家的脑海中有一个清晰的轮廓。

（三）低吸的精髓

当某个题材在上升趋势中时，涨两天调整两天很正常，当调整差不多结束的时候，就要考虑进行低吸，或者过两天有利好消息，资金有试盘表现的时候，我们就去买入。

低吸的缺点是不确定性比较大，很有可能往下踩一脚就变成了下跌，所以我们一定要找到一个共振点，使它的确定性变大。

短线低"吸"是吸于热门股上升趋势的分歧低吸，赌的就是上升趋势仍未终结，通过不断调整成功率和盈亏比，动态博弈，实现资金由少到多。

低吸的手法是术，最重要的还是核心逻辑，有预期差才会有上涨空间，低吸需要对盘面和个股有一定的了解，对进场节点的把握、对后期的预判要有一定的准确度，判断准了就是各种强势的表演，各种"大肉"。

通过资金面和技术面的分析，理论方面我们讲完了，关键要看操作，下面我们通过进一步细化看如何具体操作。

三、低吸实战应用

（一）龙头分时低吸前提条件

1. 龙头品种，强势品种

龙头股大家可以参照第一课，其中有详细介绍。龙头股是超短操作重点关注的品种，因为它吸引的市场资金最多，吸引的关注最多，是众多璀璨的明星当中最亮的那颗星，类似启明星，在市场中人气最高，这样的股票就是超短操作的首选，往往成功率比较高。

2. 只在主升浪行情中寻找机会

主升浪就是一个板块或者个股已经成为当下市场的热点，板块就是市场的主线，板块贡献了市场最多的涨停板，板块的龙头就是市场的龙头。

简单来说就是那种涨不停的个股，由于在一段时间内涨势得到确认，从成交量和换手看不出主力有退场的迹象，所以这样的股票在一段时间内涨幅巨大，主力的雄心勃勃也给我们低吸带来了机会。

案例二 （000700 模塑科技）

走势详见图11。

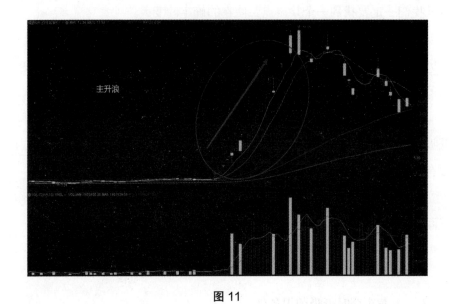

图 11

（二）龙头分时低点产生因素

主升浪阶段聚焦当前市场最热的资金，也是最博眼球的地方，只要不是一字板，一定有相对的分时低点可以低吸，享受主升浪吃情绪溢价。

龙头低点的产生因素如下：

（1）大盘环境不好；

（2）龙头股涨幅过大后有资金获利兑现抢跑；

（3）消息面导致资金分流。

（三）龙头分时低吸具体操作

1. 破分时均线再收回低吸

首先选择龙头股，比如之前碳中和行情中的中材节能、华银电力、顺控发展等，涨得最好的股票就是龙头股，针对这样的股票，当它的逻辑还没有炒完，情绪回归的时候，我们通过分时图依据黄色均价线低吸。黄色均价线就是当天市场的平均成本。

如果买在黄色均价线之上，那你的成本高于市场平均成本。我们做低吸，就是要用便宜的价格买入股票，依据黄色均价线操作。

激进一点的，在盘中出现跌破均价线的走势，缩量跌破且砸单的量不能持续，慢慢收回均价线并向上突破，此时就是低吸买点。具体如图 12 所示。

稳健一点的，等到向上突破后形成反压不再跌破均价线，此时也是一个买点，我们此时选择介入，成本相对比较低。

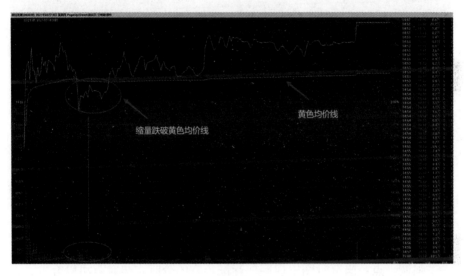

图 12

强调一点：只针对强势龙头股可以这样操作，普通的股票要谨慎，因为没有龙头效应，进入会被套。

2. 日内分时最低点

早盘分时砸出了一个向下的趋势，当卖单砸不动了，开始有买单在接，此时就形成了一个分时低点，开始震荡调整，10 分钟之内不跌破这个低点，并且每次调整的价格逐步上升，那基本就是一个小底部，就是一个低吸点。

当股价破分时均线，此时满足第一个特征——破分时均线低吸，可以第一次介入，如果错过了这个买点，我们在分时横盘的时候做第二次介入，分时图走出这种形态表明有主力资金护盘，如果主力资金不护盘，势头很可能拐头向下，跌破均价线，此时又满足了第一个特征——破分时均线低吸。有两个买点：破分时均价线买点与日内分时横盘买点。具体如图13所示。

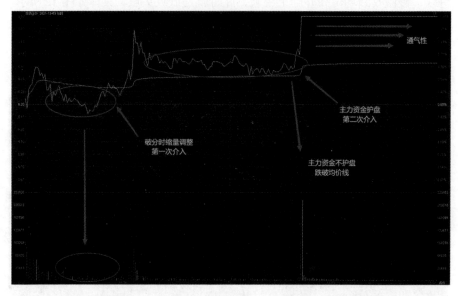

图13

　　强调一点：当分时图出现底部逐渐抬高的分时走势时就可以介入，白色价线与黄色均线之间的部分，往往构成了一个通道，这个通道一定要有通气性，不能碰到从而粘连或者贴合，不能碰到就意味着有资金在进行护盘，有人卖马上就有人买进，如果主力资金不进行护盘，价线就会掉下来。

　　所以有通气性就是资金护盘的结果，大家操盘时要留心观察，这样的分时图就好，要注意识别。

　　3. 带量突破分时高点

　　早盘股票拉升，此时想要介入，但又怕股价回调下来，那什么时候可以买呢？首先我们找到当日的一个带量高点，记住高点价格，向后做一条直线，只要盘中价格放量突破前期这个高点，此时就可以介入。需要注意，越早突破越好，说明拉升意愿较强，尾盘突破则力度较弱。具体如图14所示。

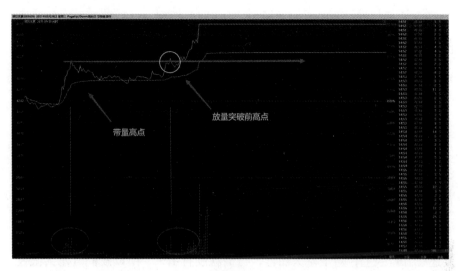

图 14

强调一点：涨停板也是<u>越早涨停越好</u>，最强的涨停就是一字板，开盘就是涨停。所以我们讲的突破，就是越早突破那个高点越好。

突破之后的涨停是偶然吗？不是偶然，首先我们要确定这个板块的老龙头倒下以后，如果没有后续龙头去扛旗的话，那就意味着这个板块结束了，再怎么突破也无济于事。而当我们发现老龙头倒下后，新龙头接力上去，就意味着板块人气的回归，此时突破就可以介入，而且是强劲的介入。所以配合板块<u>新龙头的接力</u>、情绪人气回归形成<u>共振点</u>时，要有非常强势的介入。

四、低吸操作重点

通过上述案例，我们归纳一下操作要点：

（1）股票要处在一个<u>主升浪行情</u>中，其属于<u>主流板块</u>，个股本身就是<u>龙头股</u>，具有龙头的气质，炒股票要炒题材、炒热点就是这个原因。

（2）分时的低吸位置一般都在<u>3 个点以内</u>，涨停板次日会出现 3 个点以内的空间给我们进行低吸，这是由于大盘较弱、获利盘抛压或者其他板块分流造成了分歧，这个低吸就属于<u>买在分歧</u>。高于 3 个点的横盘也可以介入，如果高于 5 个点显得盈利空间不够。

（3）结合以往实战操作的案例，我们明白低吸的性价比非常高，由于价格比较低，我们就拿到了先手，向上可以 7 个点，如果在次日有连板还可以高抛，同时向下亏损我们可以控制在 2 个点以内，性价比高，很划算。

五、五日线买点

简单直观又实用的方法，龙头品种的低吸方式：依托五日均线。

基本上所有的龙头都会有五日线买点，而五日线对真正的龙头来说就是生命线，同时五日线就是龙头的黄金买点。

不管是日内分歧回踩五日线，还是断板首阴，还是五日线上跌停，只要还在五日线上，对于龙头而言，行情就没有结束，所以我们做龙头低吸，特别是分歧阶段，就要提前做好五日线低吸的准备，能超预期抗住压力，后面就是连板溢价。这就是超短的核心五日线买点，五日线是龙头调整的底线，精准回踩五日线就是龙头最好的买点。

案例三 （600744 华银电力）

走势详见图 15。

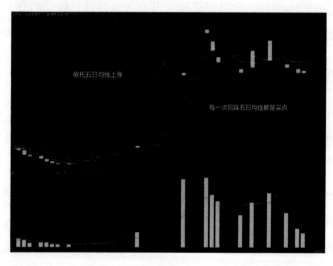

图 15

首先观察五日均线，你会发现整只股票被五日均线托着上扬，尤其是走出了趋势以后，除了一字板买不到，每一次向五日均线靠拢都是低吸的买点，直到某一天整个板块逻辑被炒完，并且板块出现回落，则意味着五日均线支撑无效，这又是另外一节课的内容了。强调一点，强势股票总是依托五日均线，我们选择龙头品种强势品种，每一次靠拢五日均线，都是低吸的买点。

案例四　（000700 模塑科技）

走势图详见图 16。

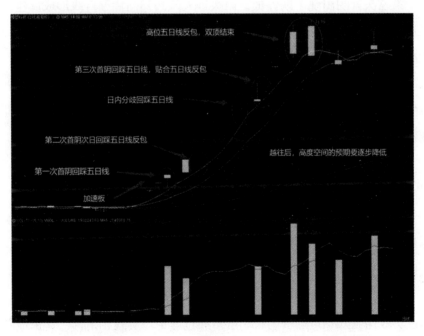

图 16

前期特斯拉概念板块龙头很具有代表性，模塑科技在国外的一家分公司与特斯拉合作签订了 18 万套汽车保险杠业务，消息传到国内后，股市开始炒作特斯拉概念。

图 16 中，白色线为五日均线，前期是加速板上攻，第一次首阴回踩五

日线，下影线向五日线靠拢但没有碰到，说明五日线支撑力度很强，虽然回踩五日线，但五日线走势依然向上。

第二次首阴次日回踩五日均线，第三天触碰到五日均线形成反包，股价依托五日均线继续上涨。当时的大环境是特斯拉概念股炒得很热，板块人气非常高，交易情绪高涨不能退潮，所以我们依托五日均线低吸，每一次回踩五日线的买点都是最低价。

如果这时你没有买到，又准备进场操作，那还能买吗？当这只股票是市场的核心龙头时，受到市场情绪的带动，日内分歧回踩五日线的时候也是买点。

第三次首阴出现了跌停板，但次日人气回归贴合五日线形成反包。所以每一只强势股票都依托它的五日均线，同时整个板块交易情绪高涨。每一次依托五日均线的低吸，买入的价格都是最合适的。

当股价逐步上涨时，空间高度的预期就要逐步降低，所以并不能以现在的涨停数来过度预判未来空间的高度。股价涨得越高，空间高度预期就越要降低，因为获利盘越多，卖出的就越多。

所以我们讲的低吸有两层含义：一方面是依托五日均线低吸强势品种；另一方面是位置上的低吸，尽可能在低位进行低吸。

很多投资者做股票做到了疯狂的程度，越在高位越疯狂，越疯狂就越容易出现双顶，一旦出现双顶，股票的逻辑就结束了，情绪也结束了，余波也结束了，整个行情也都结束了，剩下的就是"一地鸡毛"。

总结：大家在做强势股的时候，要把学到的方法运用到实战当中去，通过实战达到知识点理解的新高度。通过理论与实践相结合，真正地做到得心应手，对强势股产生盘感，这才是我们真实的目的。

第三课　锁定盈利龙头卖点

前面我们介绍了龙头股，讲了如何买入龙头，本节课我们来谈一下如何卖出龙头。股市中经常流传着这样一句话："会买的是徒弟，会卖的是师傅。"那为什么会卖的才是师傅呢？判断卖点真有那么难吗？本节课我们将进行详细的探讨。

先简单地谈一下如何在股市中真正地赚钱：投资者在股市交易，买进的股票无论涨了多少，只要你不卖就不算赚钱，所以我们讲的赚钱是指落袋为安。那就有一个问题，如何才能做到落袋为安？本节课我们将揭开股票卖点的奥秘，让你在股票交易中做到真正的赚钱落袋为安。

一、股市的本质

股市是一场"零和游戏"，大部分投资者买入一只股票，都希望股价涨得越高越好，能卖在一个较高的位置，之后股价就开始一路下跌，感觉这是非常爽的一件事。

卖在高位固然很爽，但是我们要明白一个道理：我们面对的是金融市场，是资本运作的股票市场，不是谁家开的，也不是某个人说了算的，不会因为个人的意志转移，它是金钱博弈的"零和游戏"，是一场无硝烟的金钱抢夺战。所以，想要在这样的市场中生存下来，锁定盈利，落袋为安才是上策，想要稳健地盈利，就要把"镰刀"磨快，通过学习《操盘手实战战法二十招》系列课程来武装自己，变成一名合格的操盘手去"割"别人的"韭菜"。

二、买点与卖点谁更重要

本系列课程中，买点课程所占的比例非常高，卖点课程相对比较少，为什么会这样呢？我们在以往的实战中发现，控制好股票的买点可以使我们获得更丰厚的利润，本系列课程也用了较大的篇幅讲买点，就是为了让大家能以更低的价格去买入股票，之后涨多少怎么卖都是赚钱的，赚了钱就能存活下来，在这个市场中能保住本金才是王道，之后的一系列操作才有意义，如果没了本金，之后遇到再好的股票也买不了，就是这么简单的道理。所以要控制好买点非常重要，大家可以复习上节课所讲的低吸模式的精髓。

在现实生活中也是同样的道理，股市的投资者与做生意的人是一样的，都希望进货的价格越低越好，有了成本优势，那就有了竞争优势，比同行卖得更低一点，他的成本价就是你的出货价，这个道理大家都明白。

所以我们做股票要在买点上多下功夫，尽可能把成本压低，后面怎么卖都是对的，那如何能卖得更高一点，这是本节课要讲的内容。本节课末尾将告诉大家一个简单直观的方法，即怎么把手中的股票卖个更好的价钱。

三、股票卖点的奥秘

大家觉得找股票的卖点非常难，尤其是短线，需要判断买卖点位、观察市场情绪、注意题材热点的变化，还要看大盘，但其实并没有想得那么复杂，只需要记住一点，就是根据自己的风险偏好来做股票。

做短线确实要根据 K 线与分时图去判断卖点，但是这个卖点与你自己的性格有很大的关系，如果你觉得自己赚够了、符合自己的心理预期，那么就可以离场了，并不是硬性规定非要赚到几个点才能离场。

我们在以往的实战当中，经常碰到有投资者反映，刚把股票卖了就开始大涨。其实这种情况是一个正常现象，大家不要太纠结，股票总是有涨有跌，只不过你卖了以后，就没有再关注它，过了一段时间又涨起来了，那么类似这样的股票我们如何处理呢？

首先我们把股票卖出以后，要持续关注它，当它调整到位的时候，就会有新的买点出现，至于将来如何去卖，暂时先不用考虑，只要是以便宜的价格买入，再卖出时能赚到钱就是对的。

其次不要过度苛求一定要卖在最高价位，这是神仙干的事情，不要在这件事上太过耗费精力。

总之，我们的交易原则大家一定要明白，**只要是赚钱的交易，何时卖出都是对的**，薄利多销也是一种手段，无非再换一只股票就可以了。

四、股票卖点的操作风格

何时卖出股票是跟自己的性格或交易风格有关的，我们的模式主要是针对市场中的人气股与热点板块中的强势股进行操作，衍生出低吸、半路、打板等操作手法。

（一）跟自己的性格有关

你买了一只股票到底想赚多少钱，自己心里要有一个底线，这与做生意是一样的道理。比如，你花了 100 万元进了一套设备，要卖 130 万元才觉得赚钱了，低于 130 万元就不卖。

这样的心态如果放到股市上，比如，你以 8.5 元买入一只股票，想 9.5 元卖出去，赚 1 元就满足了，这样你心里就有了底线，当它涨到 10.5 元你再卖出，在满足了心理预期的基础上，你会为多赚了 1 元而感到高兴；相反，9.5 元卖出后，股票涨到了 10.5 元，如果没有心理预期，就会为自己少赚了 1 元而懊恼，这是一种心态上的欲望膨胀，大家要把这个心态调整过来。

（二）与交易风格有关

股票有以下两种交易风格：

1. 稳健复利，以套利为目的

有的投资者喜欢今天买明天卖，股票在手中隔了夜都觉得难受，对于这种情况，我们就以获得短利为目标，既然你今天买明天就想卖出，那就不要苛求明天能不能涨停，赚 3~5 个点达到自己的目标就走。现在的量化交易就是以稳健复利的模式来做的，只赚自己能赚到的钱，不去管后面有多少个涨停板，赚够了就走人，大不了换一只股票，或者休息一段时间等下一波题材起来了再去做，缺点就是很容易卖飞，后面很多连板都吃不到。

2. 龙头选手的龙头信仰

很多投资者做短线以抓涨停板、多个连板为目的，这就是我们常说的信仰问题，你对龙头有信仰，认为它会涨起来，就坚定地持有，哪怕出现卖点，也不轻易离场，但是有个前提条件，就是要做好止损，龙头信仰选手的缺点就是赚的时候大赚，亏的时候大亏，原因就是没有做止损，龙头信仰选手会做到龙头闪崩，高点都没有走。

小结：两种交易风格各有利弊，这里考验的就是心态的变化，股票的买卖点无非是按照自己的风险偏好去执行，无所谓谁高谁低，只要是赚钱的交易就是好的，投资者可以选择适合自己的方式去操作。

投资者要经常思考一个问题，我们进入股市的目的是什么？主要考虑的就是赚钱，总不是为了来找刺激，所以正常人看龙头做跟风，高手买入龙头，超级高手卖出龙头，如果卖都不会，那如何赚钱落袋为安呢？

五、股票卖点实战案例

案例一　（002612 朗姿股份）

以朗姿股份 2020 年 11 月初第一波主升浪趋势为例（见图 17），在这波行情中，一共出现三次首阴，大部分投资者觉得第三次才是卖点，我们刚才讲的股票的卖点是根据个人的心态来决定的，两种人有两种心态：一种是以套利为目的；另一种就是龙头信仰。

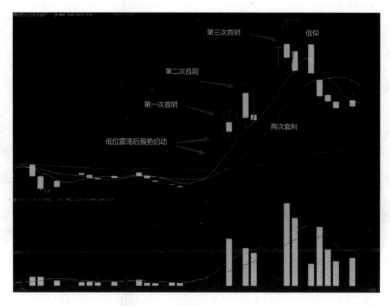

图 17

案例中前两次首阴都是套利，第三次才是信仰。所以说正常的卖点应该有三个，三次首阴后都会形成卖点。接下来，我们通过分时图来分析卖点。

1. 第一次首阴后卖点

图 18 是朗姿股份第一次首阴后的分时走势，我们是在首阴当天介入的。图 18 中早上一开盘股价回踩，通过 K 线图可以看到正好踩到<u>五日线附近</u>，盘整几分钟，下方的承接力比较强，迅速被抢筹翻红，这里就不形成卖点。

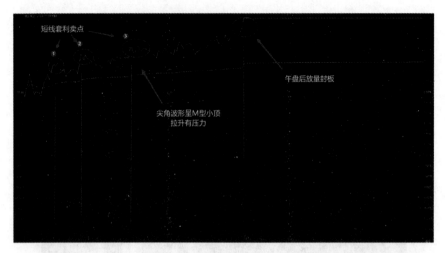

图 18

强调一点，如果下跌没有伴随着<u>放量</u>，甚至反弹的时候开始放量，说明场外有大量<u>资金想要入场</u>，此时要坚定地持有，不要被吓跑。

图 18 中标记数字的位置有很多尖角波，形成 3 个"M"型小顶就是日内的反弹，说明<u>拉升有压力</u>，场内筹码还在消化中，对于套利的选手，这里就形成了卖点。因为三个顶角位置对应的下方并没有伴随放量，无量上涨就很容易回调，短线套利选手可以先离场。

图 18 中标记数字的位置，股价逐步升高，3 个顶角虽然没有放量上涨，但是也没有放量下跌，所以龙头信仰的选手可以继续持有，午盘后放量封板，这是弱转强的明显信号，就更不能走了，一定要坚定地持有。

这里就是常说的龙头信仰选手可以赚得更多，但是也容易闪崩，所以一定要做好止损，而套利的选手不需要做止损，只要有利润马上离场就可以了。

2. 第二次首阴后卖点

图 19 中标记❶的位置早盘高开 8 个点附近，对于套利选手已经够了，很多人可以跑掉，但是大部分投资者没办法在开盘瞬间跑掉，因为他们挂单价格比较高，还想等等看，存在一些侥幸心理，所以卖点❶没有跑掉，我们来看看卖点❷怎么样。

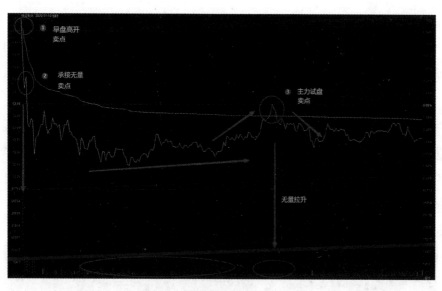

图 19

经过开盘放量后，图中 ❷ 位置有一个转折，这里是考验市场的承接力，略微反弹后，没有跟随，全是卖出量，承接没有量，此时一定要离场。强调一点，做套利如果没有量的话就要离场，你即使是龙头信仰选手，此时也要先离场，到了底部再接回来。

如果 ❶、❷ 位置你都没有走，那真的是很有耐心，千万别在底部心态崩了，因为全天只有早盘放量，底部没有放量，没有卖盘也没有买盘，午盘后有一波向上的拉升，这是主力试盘的动作。

此时套利选手和龙头信仰选手产生了分歧，就要做出选择，对于套利的选手，下方无量，无量拉升就是假信号，因为没有明显的资金进场，所以图中 ❸ 位置就是一个卖点，此时一定要离场。

龙头信仰选手则有不同的判断，他们的依据是为什么在早盘放量下跌的情况下，资金已经明显地放弃了朗姿股份，午盘后还有一波拉升动作，这一波的试盘是为了什么？因为里面的资金不服输，还要尝试一下有没有资金去接盘，可以反攻第二波，事实证明失败了，但是图中 ❸ 位置之后的下跌也是无量的，证明里面的资金坚定地持有，没有往外跑，所以分析后就明白了，作为龙头信仰选手，他们还可以继续持有。

图中❶、❷位置都要走，但是图中❸位置就产生了分歧，套利选手离场了，龙头信仰选手继续持有。

3. 第三次首阴后卖点

早盘高开后放量冲高，此时不可能去卖股票，要继续观察行情，你会发现，后续动力不足，即使放了大量也没冲到涨停，这时就产生了第一个分歧，图20中，❶位置上，套利选手一定选择离场，因为放量不及预期，没打到涨停板，这个位置套利选手已经觉得够了。

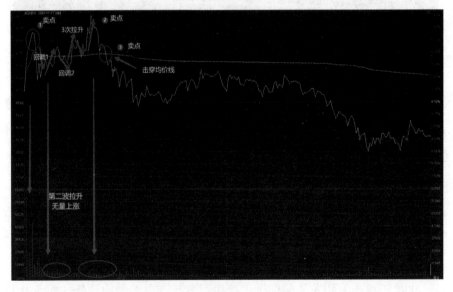

图 20

对于龙头信仰选手，开盘有了第一波放量就可能有第二波，等待着回调。第一次跌破均线回调后，股价开始第二波拉升，但是没有放量，无量拉升就要减仓，无量上涨就一定会有回调，出现第二次回调，龙头选手继续等待，之后出现第三次拉升，股价先上穿均价线，然后回踩均价线，再做一次上攻。到图中❷位置时就具有一致性，即套利的选手与龙头信仰选手都发现下方无量，达到了接近9个点，所以这一波就是冲高套人的表现，这时一定要高位离场，利润已经够了，套利选手与龙头信仰选手都要走人。

如果还没有走，那你的反应比较慢，图中❸位置时，有一波连续的下跌并且击穿了均价线，套利选手和龙头信仰选手一定要走，对无量拉升后的砸盘一定不要存在侥幸心理。

小结：很多做短线的朋友，到最后总会产生一种侥幸心理，认为这里可以买，那里可以卖，当卖点出现的时候，总想着再等等，等来等去就等出事了，这是经常会发生的，等出了砸盘，等出了下跌，主要原因就是没有按照交易纪律严格执行，这是非常危险的。

我们做股票要有<u>铁的交易纪律</u>，这是在实战中总结出来的经验与教训，千万不要犯这个错误，在纪律方面严格遵守，其他方面就不会有问题。

通过刚才的案例分析可以知道，不管按照什么样的买法介入，卖点一定要按照自己的风险偏好、获利幅度来执行，套利选手吃套利走人，遵守铁的交易纪律，做一个没有感情的机器，只要获利够了就离场。

龙头信仰选手根据市场的情绪、资金的意向坚定地持有，只要认为它有可能走成龙头，那就持股等待，但是如果到了高点反而无量，一定要走人，哪怕觉得它是龙头。感觉是没有用的，要市场认可才是真理。

六、实战案例总结归纳

（一）看分时图找卖点

我们盘中进行股票交易时，寻找买卖点看的都是分时图，分时图的主要看点如下：

（1）无量上涨会成为卖点，放量下跌后没有放量拉升也会成为卖点。

（2）日内均价线如果被连续下跌击穿也是卖点。

（3）集合竞价高开太多且没有承接会成为卖点；大幅度低开且没有承接也会成为卖点；只要集合竞价走完，没有承接就是卖点。

（二）卖点产生的本质

（1）所有模式的卖点本质上都是"<u>去弱留强</u>"，没有达到你的预期就卖出去，强于你的预期就留下。比如你低吸了一只股票，预计今天就是低位震荡，但是盘中突然走强，上穿均价线，你今天盈利了，这就是强于你的预期；你买入一只股票，以为会涨停，但是只涨了6个点，这就是弱于预期，那就卖出去。

（2）套利选手和龙头信仰选手没有高低之分，并不是龙头信仰赚得多，套利赚得少，套利做得好，利润也不少，每天获利3~5个点，亏1~2个点就止损，每个月获利幅度也非常大。

龙头信仰选手看上去利润很丰厚，一本万利，但是卖飞了或冲高套牢了，亏损也非常多。

需要注意一点，要及时止损控制好仓位。其实任何手段、模式都是没有高低之分的，只看你的心理承受能力，如果心态不够好，就去做套利；如果非常看好一只股票，那就按照龙头信仰的方式去做。

（3）做短线与做长线有一个本质区别：长线是先有逻辑—拿住股票—才有盈利；短线是有了盈利—拿住股票—参考逻辑。短线和长线背道而驰，做短线赚了钱才是真理，并不是逻辑正确才持股，一定要有盈利，你才能拿得住股票，然后再参考逻辑，再盈利。长线正好相反，长线股一般不会轻易操作，短线遇到卖点就要获利出局。

七、最简单的办法找卖点

市场中的人气龙头股、热点板块的强势股，往往都有一股上冲的惯性，所以并不适合今天买明天卖，我们可以多拿几天，拿到什么时候卖合适呢？下面就告诉大家一个非常简单且实用的方法——依托十日均线。

很多投资者朋友听过之前的股票买点课程，我们的买点是依托五日均线，那我们的卖点则是依托十日均线，往下调一个档，因为在这个市场中，大部分投资者卖出的意愿比较强，正如市场涨起来比较难，跌下去会相对容易，所以在跌下来的时候我们会找到一条基本的操作线，就是十日均线，通俗地讲就是60分及格线，低于就属于不及格，就不要持有了。那么在实战中，到底是如何利用十日均线进行卖点操作的呢？其实也非常简单，我们通过案例来讲解。

案例二　（000615 奥园美谷）

奥园美谷是前期医美题材的龙头股，其走势如图 21 所示。2020 年 11 月 6 日，奥园美谷的股价翻身上马站上十日均线，一直依托十日均线向上爬升，其间也有杀破但是很快就收上十日均线，之后一直沿着十日均线慢慢地往上涨，其间有涨有跌也有横盘，有过十几个点的下踩，但都被十日均线拖住了，股价始终依托十日均线上行，直到 2021 年 1 月 27 日一根阴线直接杀穿十日均线，意味着此时可以卖出。

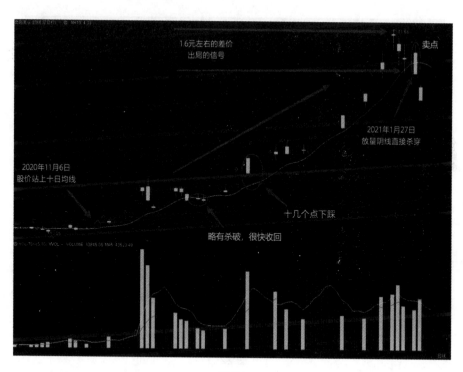

图 21

股价从 4 元 / 股涨到 10 元 / 股左右，尽管没有卖在最高价，卖低了 1.6 元左右，但是跌下来的 1.6 元真正给了我们出局的一个信号，至于后期会不会涨，我们会根据买点方法来继续跟踪判断。这样一波行情，差不多3个月左右就做完了，抓住了这波行情，获利也是颇丰的。

再来看一个案例。

案例三 （600744 华银电力）

华银电力是前期碳中和的龙头，其走势如图22所示。它2021年2月19日翻身上马站上十日均线，之后一路上扬，到3月底略微杀穿十日均线，理论上是要出局，但很多投资者舍不得出来，因为股价始终又收到了十日均线上，这种情况先观察几天，然而3月31日回天乏术，我们选择卖出，股价开始一路向下，走入下降通道，4月30日遇到前期缺口位获得支撑。

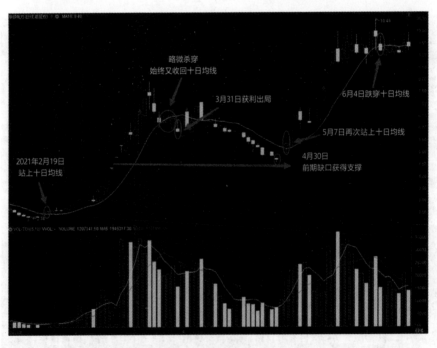

图22

5月7日再次冲上十日均线，买进去后依托十日均线一直持有，不管它创新高还是横盘，只要不跌破十日均线，就一直拿着，直到6月4日跌穿了十日均线，形成了一波新的调整。所以将十日均线作为判断卖点的依据，对于投资者而言非常直观，也非常容易掌握。

案例四　（003039 顺控发展）

顺控发展已经载入了交易史册，受到碳中和题材的刺激，上市后一路涨停加速，不停涨、涨不停，其间也有很多机会可以介入，把握住了也有不小的获利空间。它 2021 年 4 月 19 日跌破十日均线，之后 4 月 23 日反攻十日均线失败，此时就要获利出局。具体如图 23 所示。

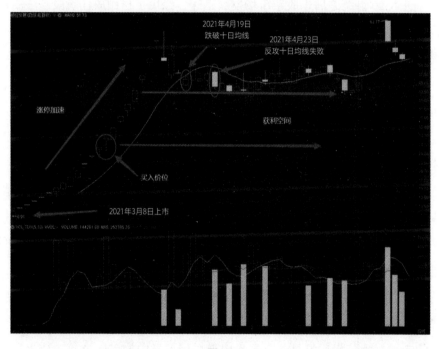

图 23

总结：依托十日均线做交易，如同给广大投资者带来了一把<u>刻度尺</u>，简单又直观。心态方面，希望投资者在今后的交易过程中要保持这样一种心态：<u>我够了，后面的钱让其他人去赚。</u>当我们赚到一定利润的时候，要收敛一点，把能赚到的利润先落袋为安，千万不能太过贪婪，吃着碗里的看着锅里的，最后被贪婪反噬了自己！

第四课　超预期弱转强

进入 20 世纪之后，股票市场发展迅速，经历了自由放任阶段、法制建设阶段、迅速发展阶段。大量的资金流入股市，促进了金融市场的发展，提高了股市的繁荣度。

有人的地方就有江湖，有股市的地方就有资本的汇集。一方面，资本可以刺激人们购买股票的欲望，为一级股票市场的发行提供保证；另一方面，由于股市的交易价格能比较客观地反映出股票市场的供求关系，股市也能为一级市场股票的发行提供价格及数量等方面的参考依据。

我们在描述个股的状态时，一般使用强与弱来表达。板块题材发酵前率先封板，能够在早盘半个小时内快速封涨停的个股，盘中不大幅放量、不开板即为强。相反，封板后伴随着放量反复打开，长时间不封板，分时走势非常糟，出现炸板、烂板等情形则为弱。

前面我们谈了龙头股的买卖点，是从强的角度来指导操作的，然而股市变幻莫测，经常受到一些外部不利因素的影响，导致股价出现不符合预期的走势，涨停板反复打开，尾盘出现烂板，场内的筹码会普遍认为其处于弱势地位，大部分人心里是非常惶恐的，这会造成第二天的抢跑，场外资金对其走势也不看好，然而在双方都不看好的情况下，第二天却意外地走强并且成功封板，我们把这种形式称之为弱转强。

今天我们就从弱的视角出发来解析股市的走向。弱是指股价会持续下跌？其实并不一定，股票烂板之后该弱不弱就为强，当题材炒作还没有结束时，场外资金会一致看多并积极抢筹烂板股，从而导致弱转强，那么在

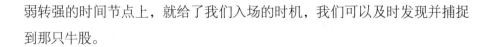

弱转强的时间节点上，就给了我们入场的时机，我们可以及时发现并捕捉到那只牛股。

一、弱转强的概念

（一）定义

前一个交易日分歧很大产生烂板，但第二天被资金一致看好抢筹异常强势，并最终封住涨停板。该弱不弱则为强，意思就是一只股票原本要下跌，但是它却横盘不跌反而上涨，实际上就是一种超预期。

（二）弱转强的特征

从弱势期转为强势期，是一种动态的变化，而这种变化对于短线投资者来说是一种超预期，弱转强成功后，市场会给予超高溢价或是极大的上升空间。比如，前期知名的"妖股"顺控发展，也经历过弱转强的阶段，之前你可能不了解弱转强，今天掌握了弱转强这个知识点后，可以回看以往"妖股"的上涨过程，留意它们经历弱转强的那个阶段。

弱转强的股票不一定能走妖，但是"妖股"龙头里面一定会经历弱转强这个时间节点。弱转强是造妖的必备条件之一。

二、弱转强的两种形式

（一）烂板、跟风股的尾盘涨停

烂板指股票当天冲击涨停后反复打开涨停。

跟风股指前面有一只同题材、同概念的龙头股率先涨停，另一只股在尾盘跟随，涨停力度较弱，是一种尾盘偷袭式上涨，存在被动性。第二天早盘低开高走或者高开高走后迅速涨停。

（二）"大长腿"涨停

股市里的"大长腿"，本来叫单针探底，因为形似大长腿，下影线较长，实体较短，所以被投资者称为"大长腿"。它是止跌反转信号，盘中砸盘到低位，之后拉高至涨停，形成一个"深 V 大长腿"，次日高开迅速秒板。

三、弱转强的操作方法

（一）选择对象

1. 板块的连板龙头、妖股

不是龙头的话，人气和情绪就没办法快速聚集，只有龙头才有号召效应。弱转强在龙头股"妖股"上会多次反复出现，大家可以对照着前期的"妖股"看一下，是否出现了多次弱转强。当股票涨了几个板后，买点出现了，但是此时参与感觉有些风险，要想找到合适的位置那就参与龙头股二板后的弱转强和空间最高板的弱转强，空间最高板就是当下涨停板最多的个股。

2. 题材是当下的热点大题材

只有当下的热点题材才有想象空间，大家的情绪和人气才会高亢，比如碳中和板块、医药板块、元宇宙这种大题材。小题材想象力不够，有可能是游资对倒忽悠散户的。

3. 相对低位的弱转强

在股票实战过程中，当很多板块爆发后，多只股票封涨停板，很难判断谁是真正的总龙头，市场脉络并不清晰，也没有被甄选出来，此时我们尽量参与前排的龙头，也就是我们常说的日内的龙一、龙二、龙三，二板、三板甚至四板最好，太高的弱转强获利盘太多了，想象力不够，性价比不高。

其实不管处于哪个位置，你如果能够第一时间识别出领涨的龙头，哪怕识别出的是跟风股，收益也不会太少。

4. 情绪周期的爆发初期或题材的穿越周期

当第一波行情进入尾声时，领涨的龙头略显疲态，这个时候市场的情绪周期进入分化震荡期，之后方向只有两个：一个是弱转强，另一个是弱转更弱。除此之外，别无他路。龙头股如果不能走强，就只能走弱，走弱对我们自然就没有意义，所以我们只关注弱转强或强更强。

如果题材已经轮动很久，在股价高位震荡的时候再去介入，这个时候大概率就会被套。

（二）弱转强特征

（1）烂板当天放量在 1 亿 ~2 亿左右比较好。

（2）烂板打开次数越多越好，次日集合竞价高开的概率也就越高。

（3）烂板次日小幅低开迅速拉红或者超预期高开快速拉涨停。关注点是低开拉红时红盘低吸，或在快速涨停板上确认，需要去追涨，涨停的瞬间确认它的弱转强成立。

四、弱转强的三种模式

弱转强总共分为三种模式：分时弱转强、竞价弱转强、日 K 线弱转强。

（一）分时弱转强

这种类型通常是昨天一个烂板或冲高回落，正常的话，第二天是低开低走或低开震荡，结果开盘后分时走势超过预期，直接被资金抢筹快速拉升，分时的斜率为 70 度以上的直线，这种就是分时弱转强，在短线中要重点关注。

案例一 （600493 凤竹纺织）

走势详见图 24。

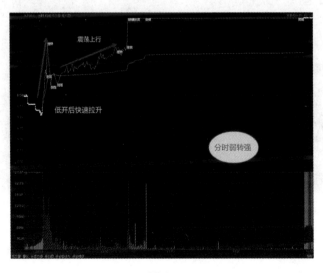

图 24

前一天冲高回落横盘震荡，走势较弱，但是 2021 年 1 月 6 日开盘后快速拉升，震荡上行直到封涨停。

（二）竞价弱转强

这种类型前一天通常是一个烂板、涨停被砸回落、高位大阴线、"大长腿"，不需要局限于某种类型，市场是变化的，外在形式也是各种各样的，总的概括就是弱。

在正常情况下，第二天应该低开低走或低开震荡，如果第二天集合竞价不弱反强，并且开盘后分时也超预期快速拉升，这就属于竞价弱转强，在短线交易中，也要重点关注。

案例二 （300858 科拓生物）

走势详见图 25。

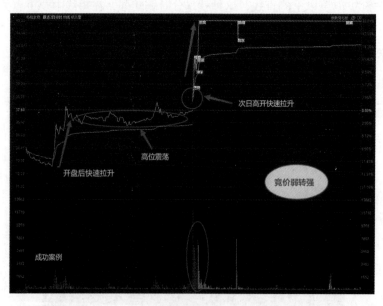

图 25

第一天开盘后快速拉升，高位震荡，结果第二天集合竞价超预期，开盘后快速拉升封涨停。

案例三 （002570 贝因美）

走势详见图 26。

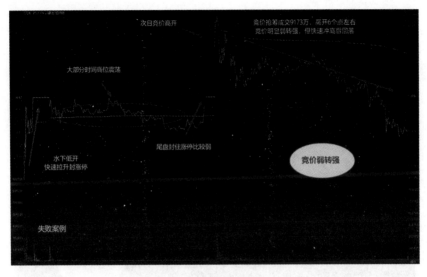

图 26

贝因美竞价弱转强失败案例分析：单独来看的话，贝因美竞价弱转强是没有问题的，但是结合盘面与市场氛围来看，没有经过充分换手的涨停，兑现的预期就比较大，贝因美属于后排跟风股，市场关注度并不高，贝因美强行走弱转强秒板，就是给先手资金出局的机会。

（三）日 K 线弱转强（反包）

弱转强作为扭转局势的重要方式，成为所有"妖股"都避不开的环节，但并非每一次弱转强都能缔造神话，有的弱转强开启了"妖股"的第二个春天，有的弱转强却成了"诱多"的大坑。

使用范围： 尽量选强势股、板块龙头、市场总龙头，只有市场关注度高，具备人气、交易活跃度的个股才能最大化地实现弱转强的性价比，弱势股不予考虑。

强势股出现阴线回调，理应惯性下跌，但第二天不但没下跌，反而出现转强动作，说明做多意图强烈，用日线级别的阴线回调作为判断依据，并且叠加一个分时的弱转强，从分时当中寻找弱转强买点，这种双保险成功率非常高。

案例四 （000700 模塑科技）

走势详见图 27。

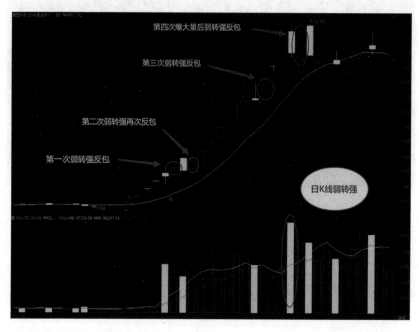

图 27

模塑科技应该是大家非常熟悉的一只股票，是前期的一只大牛股。2021 年 1 月 13 日第一次弱转强反包，接近一字板，这就是一个高开秒板的涨停动作，第二天出现了一根高位大阴线，按理说第三天应该回调，进一步向下寻找支撑，等到市场人气恢复再开展下一波动作，但是这根大阴线之后出现了涨停反包的走势，并且紧接着就开始了第二波，走势非常连贯。

我们看第三次反包，同样出现了一根大阴线回调，次日再次出现了日 K 线的弱转强，之后又是两个涨停板。

我们都知道"一鼓作气，再而衰，三而竭"，第一次弱转强反包显示出了"妖股"的气质，第二次弱转强反包加深了"妖股"的气质，市场的认知一致性非常强，所以后续走出了6连板，但终究不可能重复上演这样的走势，到了第三次的时候市场空间就明显缩小，当第四次反包后，第二天就是一根贯穿大阴线，资金不玩了，随后就开启了回调模式。

这是属于日K线弱转强的案例，再叠加到分时弱转强上面，成功率就会更高。

总结：常见的弱转强是指前一天烂板，次日异常强势，并最终封死涨停板，本质上是一种超预期的表现。我们在今天的课程中介绍了弱转强的三种模式：分时弱转强、竞价弱转强、日K线弱转强，互相配合使用时成功率更高。

通过本课的弱转强案例分析，希望大家能够对龙头股和"妖股"有一个更深层次的理解，在今后的操盘实战中，多关注弱转强战法，相信一定能抓到更多的"妖股"、牛股。

第五课　行情接力，K线反包

　　自信是所有成功者都具备的特质，有时候自信是没有道理的，一些人执着有梦想而且非常勤奋和努力，明明成功的概率很小，但还是成功了。

　　信心是自己给自己的，自信源于自身实力的提升，在别人看来过分膨胀的自信，就是一种野心，因为敢想才可以成真，连想都不敢想，如何指引自己去做自己想做的事呢。

　　本节课开始前我们先来讲一个小故事，名字叫《集市里的商人》：

　　某一天，集市上来了一位商人，他贴了一张告示：收购鸡蛋，1枚1美元。大家看到后互相转告，商户们把多余的鸡蛋都卖给了他，他收购了5000枚鸡蛋，此时市场上没有鸡蛋了。

　　第二天他在市场上又贴了张告示：收购鸡蛋，1枚5美元。大家又开始找鸡蛋卖给他，集市上的鸡蛋很快被他收购完了。这天，商人又来到了集市，贴出了10美元收购一枚鸡蛋的告示，随后便去其他集市了。他的助手留了下来，对大家说，我愿意8美元1枚鸡蛋卖给你们，等商人回来后，你们可以10美元卖给他，于是大家拿出所有的积蓄来买鸡蛋，可是商人再也没回来。

　　读完这个故事，大家有什么感想呢？股市里的商人代表着庄家，集市上的商户就是散户，鸡蛋收购的过程可以看作是一场交易的游戏，但背后的本质反映出庄家与散户是合作与博弈的一对矛盾体：有了合作，股价就会涨；有了博弈，就会有盈亏。

　　泡沫吹到足够大，总有一天会爆开，所以想要稳定地盈利，需要观察市场动态，保持平和心态，不能太贪心，落袋为安才是上策。

龙头股的反包主要有三种形式：龙头首阴的反包、龙头二波高位反包、龙头的反抽。

一、龙头反包定义

反包是指一根大阳线将前面的 K 线完全覆盖或者一根阴线将前面的阳线覆盖住的一种 K 线组合形态，前者为阳线反包，后者为阴线反包。

龙头股容易出现反包的前提是出现的调整是被迫调整，尤其受到市场环境影响或高位股集体退潮时，龙头股是最后一个倒地的，但日内走弱并不意味着龙头股的行情结束了，在次日盘面有反弹预期的情况下，热点龙头会率先反包，从而引领题材和出现跟风股反包。

二、龙头反包的本质

龙头反包的本质是人气及筹码的持续接力，让行情的赚钱效应得到有效过渡。反包要求对于大盘的分析比较准，反包板的核心和普通的接力板是一样的，都是分歧与一致的转换过程，即当市场环境不太好、主力资金出现分歧时，龙头就会出现断板，第二天市场进行发酵，重新对龙头有了一个更高的预期，市场资金又开始转向一致做多。这就是龙头反包的过程：分歧转一致。

对于情绪周期把握比较准的朋友来说，运用反包很容易获得暴利，但对于把握不准的朋友们来说有较大风险。情绪周期对于操作龙头股作用非常大，那如何把握情绪周期在股市实战中的运用呢？之后有一节独立的课程，会专门为大家介绍情绪周期。情绪周期在整套课程中贯穿始终，作用非常大，在后续课程中会详细讲解，希望大家认真学习。

三、龙头反包的三种形式

（一）龙头首阴反包

1. 概述

定义：这种高位首阴指的是龙头股，在高位第一次出现断板，也就是我们常说的首阴，但要注意首阴并不一定需要出现阴线才行，对于"妖股"来说第一次产生分歧调整没涨停就算首阴，随后出现反包涨停，这种情况下反包概率最大。

核心逻辑：一个核心龙头不会直接挂掉，"妖股"有"妖股"的气质，断板日如果没有直接砸跌停、跌破五日线，具有正常的分时震荡调整，自然会有大量资金低吸博弈次日的反包。

龙头之所以称为龙头，是因为它对于市场资金的吸引力非常强，走势形态不会很差。如果一个龙头出现首阴之后，次日跌停或者向下 A 字走，那么，走出这种形态的股票就称不上龙头，它并没有龙头的气质。

所以不管从形态还是人气上来说，"妖股"龙头股断板日就属于分歧，但并不意味着行情结束，同时我们要知道龙头股有着超高人气，市场资金对人气非常重视，超高的人气会吸引资金做次日的资金人气延续，从而有反包的预期。

2. 龙头首阴反包的买卖点

买点：这类股票主要有 3 个买点：

（1）首次分歧当天，盘中分时急杀点低吸。

（2）分歧当天尾盘竞价时买入，这样有先手优势，第二天可以从容地止盈。

（3）分歧第二天开盘后低点买入，需要等到 T+1 日卖出。

通常我们建议在前两个买点，也就是分歧当天就介入，保持先手优势。

卖点：对于首阴来说，博弈的通常是次日的反包，如果是涨停式的反包，则可以继续持有，直到再次出现分歧不涨停为止；如果是冲高后未封板则可以直接止盈，也会有一个不错的盈利空间。

下面我们结合具体案例来做一个解析，加深读者对龙头反包的印象，使大家在今后的实战中能更好地运用。

案例一　（300678 中科信息）

走势详见图 28。

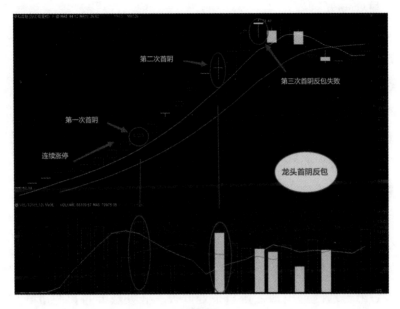

图 28

中科信息作为前几年次新的龙头，表现非常强势，另外一只次新的龙头——顺控发展也是非常强势，创下了连续涨停的纪录。

如图 28 所示，上市以来第一次开板不算，我们看箭头所指的位置，也就是第一次首阴，前面经过连续四天涨停，吸引了市场足够的人气和资金，第五天出现断板，这就是龙头首阴的时间节点，形成第一次首阴。

第一次分歧时的买点最有效，之后每分歧一次，反包的成功率就会逐步降低，第三次分歧后就没有形成有效的反包。

操作方法：我们选择在第一次首阴尾盘竞价时介入，后面就可以享受五个板，这就是龙头的首阴买入法。如果第一次首阴反包没有把握住，后续还想博弈首阴反包，可以在第二次首阴的时候去介入，仍然有两个板的溢价，但是对于第三次首阴反包，博弈的性价比就非常低了。

小结：出现第一次首阴时我们就介入，后续只要不涨停，我们就卖出，这就是做龙头首阴反包的方法。

（二）龙头二波高位反包

1. 概述

定义：这种模式一般出现在龙头股第一波见顶后，时间上已经过了上面说的龙头首阴反包阶段，通常属于龙头"妖股"的第二次大分歧，在回调过程中出现的反包，也就是常说的龙回头。

核心逻辑：一个龙头经过短期深度回调后，这个回调通常是20%的幅度，第一次见顶追高的资金已经割肉，市场暂时找不到龙头替代者，抄底资金会选择利用龙头的股性来尝试第二波，形成龙回头。

这种龙回头一般就是对龙头股形成一个双顶，少数走出连贯性也就形成了龙头二波。

2. 二波高位反包的买卖点

买点：见顶后深度回调下来，回调幅度一般在20个点左右，回调到5日线或10日线附近出现缩量急杀处低吸。低吸当天的K线最好是长下影线或十字星形态，K线出现阴转阳信号，成交量明显缩量，这是比较完美的。

需要注意：不适合大阴线当天介入低吸，因为大阴线代表向下动能没有有效地释放。这种调整周期一般在4~7个交易日内，以低吸为主。

卖点：大部分龙回头就是一个双顶的特征，所以一般低吸后，第二天就考虑择机止盈，或出现反抽板当天就考虑止盈，也就是说个股走出龙回头当天就是卖点。

如果低吸后，第二天没有直接拉升，只要走势比较健康，只是继续缩量调整，那么还可以再等1个交易日。同时，少数龙头"妖股"会走出第二波，需要根据个股强度及盘面来判断，包括它所属的题材、题材的延续性如何，大部分个股都是1~2个板的获利空间。

下面我们用案例进行分析，让大家加深对二波高位反包的印象。

案例二　（601015 陕西黑猫）

走势详见图 29。

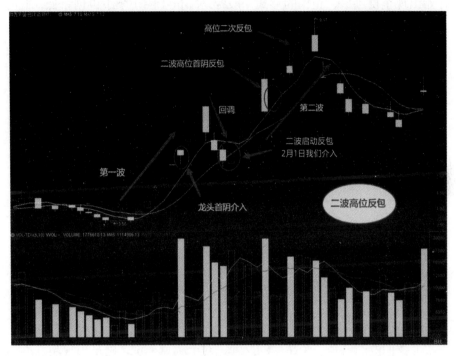

图 29

在第一波中，有一个非常标准的龙头首阴的介入点，后续如果不涨停就选择卖出。接着运用龙头二波反包战法，等回调了大约 20 个点时，在 2 月 1 日低吸介入，后续也有三个板的溢价，只要不涨停同样选择卖出。尽量不要去博弈后面的高位反包，因为性价比不是很高，落袋为安才是王道。

（三）龙头反抽超跌反弹

1. 概述

定义：这种属于龙头股后期的反包，更准确地说就是<u>超跌反弹</u>。其实任何一种股票都有超跌反弹，只是龙头股的超跌反弹在概率上更容易把握和跟踪，因为市场资金有<u>涨停记忆</u>。在大多数情况下，在市场没有主线热点、方向的时候，资金会做老龙头的反抽板，以套利为主。

核心逻辑：出现龙头反抽的阶段，一般是龙头股陷入长时间调整后，开始出现企稳迹象，企稳的形式一般都是缩量小阴小阳不再创新低，此时就会出现一个反抽的动作，强势的话就会出现反抽板。

出现的周期一般是龙头见顶后调整 15~20 个交易日，调整幅度在 30 个点以上。

2. 龙头反抽买卖点

买点：因为是超跌反弹的低吸，所以买点主要是出现止跌信号时低吸。

注意一点：是低吸不是追高，千万不要等到出现反抽板，再追进去，运气不好的话，很有可能买在顶部。

低吸时要注意龙头调整的幅度和调整时间，通常要 30 个点以上，就是高位下来至少 30 个点，距离"妖股"顶部回调 30% 的时间在半个月以上，但并不一定低吸后马上反抽板，如果维持缩量小阴小阳调整，那我们可以多些耐心，等待它反抽的时间节点，建议先持股等 2~3 个交易日。

卖点：整个模式大家比较常见，很多人都以为要走 2 波或 3 波，其实本质上我们做的就是一个超跌的反弹，对于卖点来说，就是出现超跌反弹大阳线，就可以止盈离场了。所以刚才讲到，千万不要等到反抽板大阳线出来之后追进去，这就相当于做了"接盘侠"。

少数走势会出现超跌反弹后连续涨停板的情形，所以这种模式的买点只适合低吸，不适合去打反抽的首板，不能去追涨。极少数走出反抽连板，但因为是极少数，所以我们不去博弈这个概率，如果真的走出反抽连板，那么关注度就会比较高，就可以考虑打反抽的连板也就是二板。

下面同样通过详细的案例分析来让大家加深印象。

案例三　（300624 万兴科技）

走势详见图30。

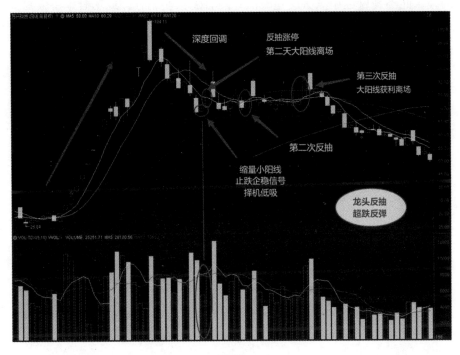

图 30

在经过一波很大的涨幅之后，深度回调，底部出现缩量小阳线，没有再创新低，当天我们选择低吸。第二天出现了一根反抽涨停大阳线，我们获利离场，此时也有 10 个点的获利空间，之后就不再去博弈了。因为刚才讲到，反抽板连板的概率非常低，万兴科技走了三波反抽，都没有一个连续涨停，所以概率非常小，我们就不去博弈了。第二次同样是缩量小阴小阳，之后出现一根大阳线，我们离场。第三次也是比较漂亮的小阴小阳调整，我们选择低吸，等待变盘的时间节点出现了一根放量大阳线，这一天我们选择获利离场。

小结： 第一种是龙头首阴反包，博弈的性价比非常高，后续空间比其他形式要高。第二种是龙头二波高位反包，空间相对来说也不错，获利比较多。第三种是<u>龙头反抽</u>，获利空间相对较小。

所以我们做龙头反包主要运用前两种形式，并且要参考市场的情绪周期，而不是只运用龙头反包战法，两者配合使用时，成功概率将大幅度提升。

第六课　龙头股的第二波

　　股票投资要永远与市场共同波动相吻合，盘中决胜关键就是准备是否充分、对新的热点和个股是否有研究，研究的深度和市场的共鸣直接影响到是否能够赚到钱。

　　投资是一种理性的活动，有效地控制风险永远是第一位的，做自己有把握的事，赚自己能够赚到的钱，学会放弃。市场上每天都有机会，但我们只能尽量去赢得我们看得懂的那一段收益，其他的都是不属于我们的。

　　前面我们介绍了龙头股及买卖点位，在龙头股的走势上，分析了弱转强与反包，今天我们来谈一下市场行情在情绪周期影响下，龙头股走出的第二波。

　　大家在股票市场中做短线，绕不过的一个话题就是龙头股，无论你做的是龙头、跟风、补涨，还是情绪周期，都需要把龙头股拿出来做标杆，我们做龙头的时候经常遇到的情况是一波流，龙头涨完一波就没了。还有就是龙头的接力，同一个题材中有好几个龙头接力，但是最具有赚钱效应、让我们记忆深刻的，就是不停走出新高度的龙头，这样的龙头我们称之为龙头二波。

　　我们知道，在阶段性行情中总会有一些个股表现得非常强势，无论是涨幅还是对市场的影响程度都远高于其他股票，我们把这些股票称为龙头股，当它涨到一定程度时就会出现回落，经过一段时间调整，很多强势龙头还会走出第二波。

　　当股票处于低位的时候，其实很难分辨哪只股票有潜质，谁也不知道它会涨多高，但是当它涨了一波成为市场最强的股票后，所有人就都看到了。

如果我们有一种方法可以判断当最强的股票走完一波后，后面还有第二波机会，那么，如果都能抓住这个机会，将是非常棒的操盘战法。市场中有接力龙头、换手龙头，但是真正能做到龙头二波的非常少，必须满足一定的条件。

一、龙头二波必须满足的条件

（1）市场高度是最高之一。在同样的高度下，可以有人与它平起平坐，但是头上不能有人。

（2）市场人气、市场地位是当前市场最高。有人比你更厉害，资金就不会选择你，都是龙头，资金会选择老大，选择最厉害的。

（3）题材的容量必须够大，周期的延续性必须够长。我们做情绪周期的时候炒题材，当研究出龙头后，龙头能涨多少，第一看人气，第二看逻辑，逻辑在情绪中的表现就是题材的容量。一个题材中，股票的数量不够或者说数量太多都不行，必须要有一个可以延续的周期才行。

比如一个军工题材，很多时候我们不会去做它，就是因为它没有延续性；农业也一样，因为周期股每年有固定的时间点，炒完就没了，不会有第二波行情。新冠肺炎疫情防控期间我们发现，因任何行情大跌或者反弹的时候，医药股作为防御性板块，都能支撑起整个股市的指数，它的题材首先就够大，新冠肺炎疫情暴发时全世界的关注点都在医药题材上，题材够大，里面的池子够大，市场的人气和资金都愿意去炒作，这个题材就可以作为我们常说的大题材，可以在里面辗转腾挪，这样的题材走出二波的概率最大。

很多人觉得只要股价回调，再往上走，就能走出二波，其实并不是这样，我们平时做的龙头，能走出最多的就是反抽，是不会超过前期的高点的。还有一种就是回调力度不深，回调1~2天，之后就直接开始往上走，这叫反包，这些名词的定义我们要注意区分。能走出二波，其实要经历一个充分的调整过程，那它具体是如何形成的?

二、龙头二波的成因

（一）高位洗盘

当龙头股走完第一波见顶之后，总会有大量资金介入程度很深，无法全身而退，或是高位买入接到了最后一棒不忍割肉离场。这时候主力就会洗盘做一个深度的回调动作，洗走浮动筹码，使高位套牢盘"割肉"，然后再次拉出空间准备后面出货。

（二）主力资金回流

在市场无明显的热点期间，资金进攻的方向比较散，没有很好的目标去抱团进攻，此时活跃资金就会寻找之前的老"妖股"或强势龙头股。因为调整时间够久，该离场的都离场了，此时进入拉升获利，就形成了龙头股的第二波走势。

（三）龙头二波 VS 龙头反抽

我们知道了龙头二波的成因，还需要注意一点，与龙头二波非常相似的是龙头反抽，同样都是龙头股上升第一波见顶之后，调整结束开始反弹，此时要注意区分:

（1）龙头二波。第一波主升浪结束后，短暂调整后股价进入第二波主升浪，可以再创新高，再有一波强势行情。

（2）龙头反抽。行情末期出现的资金涨停记忆，回流反抽涨停但持续性有限，反抽是短暂性行为，涨一下但是不能创新高，两三天就结束，以纯套利为目的，没有消息刺激的话，高度不会超过 3 个板。

到底是龙头二波还是反抽，这取决于其反弹的力度。

三、龙头二波实战要点

（一）锁定龙头

前期必须是连续涨停或者有一波快速大幅度上涨，至少要有 5 板以上的空间，这一点就确保了我们操作的股票是龙头股还是强势个股，因为在市场中要做就做当下市场主流热点题材龙头股。

股票上涨初期，有涨得快的时候，也有涨得慢的时候，我们做龙头二波的前提就是要锁定龙头：一定是涨幅最大、市场中最具人气号召力的个股，这样的股票我们才去跟踪关注。

（二）第一波见顶信号

第一波大涨后，均线形态必须多头排列，这是毫无疑问的。K 线沿着五日线、十日线稳步上升，上涨过程流畅。第一波出现见顶信号是首阴次日未能反包，则进入调整期或高位震荡期。

强调一点，龙头见顶信号是第一次出现大阴线或十字星等，只要是不能涨停走出阴线，第二天不能反包、不能再创新高，则进入调整期，此时是我们重点观察留意的时候。

（三）调整时间

进入调整期后，出现快速的缩量回调，缩量才能保证筹码稳定，不能放量，最好是缩量调整 3~7 天，不能超过 10 天，时间不能拖太久。缩量确保了资金没有大规模出逃，调整 3~7 天结束，说明短线还是非常强势的，这就是强者恒强的道理。

（四）狙击买点

当成交量开始快速缩量，缩量调整 3~7 天后，成交量达到了最近的最小量时，后面开始放量，吞掉最小量的这一天，盘中阳线包住左侧阴线的时候就是买点。

龙头二波何时介入呢？调整什么时候结束？就是当缩量调整到位后，股价不再下跌，出现阳线包住前面的下跌，这就是一个非常明确的重新进场信号。

（五）控制仓位

第一个买点出现的时候，先买入总体仓位的三至四成，不要一笔梭哈全部买进去，先买一部分，随后继续大涨加仓二至三成，最好是滚动做 T，保持灵活性。

比如，在原有四成仓位不变的情况下，日内分歧加两成仓做 T，冲板择机减两成，不断利用差价来摊薄成本。如果当日没能封板，则将原有可卖仓位全部清卖，留两成底仓即可；若第二天未能反包，则清仓处理。

强调一点，股票操作并不是简单地看好一只股票然后全部买进，一定要根据实际情况，不断地加仓、减仓、止盈、止损等，这才是真正的实战。一般情况下，龙头股、强势股出现二波继续上涨的概率非常大，冲上去后不涨停，就要及时减仓锁定盈利，这才是真正的实战操作。

（六）卖点和止损原则

如果股价走势不及预期，跌破五日均线的时候就要减仓。也可以采取逐步止盈法，获利每增加 10%~15% 就减仓一成，越往上涨越往出卖，锁定盈利。俗话说，"高手买入龙头，超级高手卖出龙头"。

如果放量跌破五日均线或者亏损 5%，断板首阴次日未能反包则无条件出局，此次操作结束。

强调一点，市场中的高手都把获利与风险放在同等重要的位置上，既要考虑追逐龙头股的大幅度溢价，同时也要考虑市场的风险，股价调整的时候要锁定自己的盈利，保住自己的本金。

当龙头股开始上涨时，高手已经在低位开始布局并留有一定的仓位了，随着股价不断地上涨、个股成为市场热点的时候，高手把自己的浮盈逐渐兑现，开始把低位的筹码高位卖掉。

所以高手是在股价上涨的过程中逐渐减仓的，即开始卖股票，因为他有一个明确的判断，不用非要等到大阴线见顶，在股价上涨的过程中就开始逐渐减仓。大家要仔细体会一下"高手买入龙头，超级高手卖出龙头"的意思，就是越涨越要卖，要锁定盈利，不一定非要"从鱼头吃到鱼尾"。

（七）龙头回调黄金买点

经过长期实战总结，判断 A 股市场股票买点有一个技巧，除了上面谈到的狙击买点阳包阴，还可以利用黄金点位进行测算，最佳买入点如下：

$$（最高价 - 起涨价）×0.618+ 起涨价 = 目标价$$

最高点冲上去之后，回调到黄金分割点的 0.618 点位，此时就是一个比较好的买点。

如果市场氛围比较好，买点更加贴合均线附近计算出的黄金点位；如果市场氛围比较差，核按钮 A 字杀，股价跌破计算出来的价位，则说明该股没有走出龙头二波的强势形态。

案例一 （600776 东方通信）

走势详见图 31。

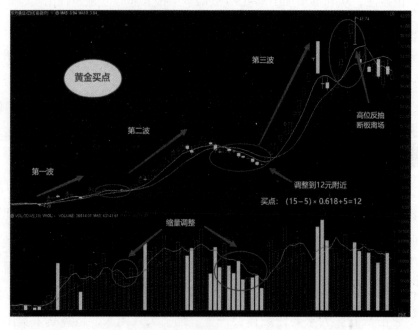

图 31

东方通信是前期市场的总龙头，它连续地快速上攻，K 线走势非常强，基本上走了龙头三波，两个平台的调整期为 7~8 天，短期调整结束，之后形成新一波主升浪，调整幅度符合黄金分割点测算的位置。

东方通信从 5 元起涨，通过公式计算出 12 元的位置就是比较好的买点，第二波调整后基本上也是到 12 元的位置，形成了市场的最低点。通过这个方法可以明确地测算出股票的买点。

第三波调整后出现龙头<u>高位反抽</u>，高点出现了一个倒 T 断板，次日不能快速收回，再加上前期已经大幅度上涨，所以后面的鱼尾就不要吃了，这是一个非常明确的<u>离场信号</u>。

这只股票的逻辑是：当时国际上打压中兴、华为，东方通信是市场选出的 5G 通信的总龙头，主题就是绝地反击。

案例二　（002838 道恩股份）

走势详见图 32。

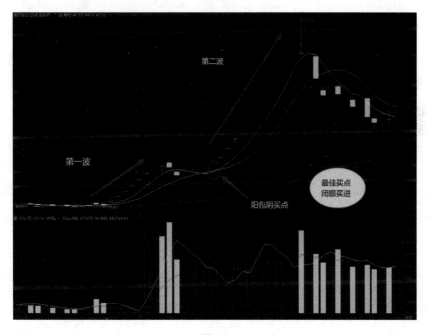

图 32

道恩股份第一波强势一字板，之后开始调整，出现了阳包阴的买点。

最佳买点：当大阳线吞掉了前面的调整以后，一定要及时跟进，做错了可以出局，**但是好机会不能错过，走二波概率非常大**，如果现在买进，第二波的涨幅远超过第一波。

行业逻辑：当时新冠肺炎疫情形势严峻，道恩股份是生产口罩的头部企业，作为龙头股得到市场的充分认同，第一波都是一字板，调整过程中通过充分换手建仓，开启第二波，开始三个一字板，紧接着加速板、换手板不断推升股价上涨，打出了一个新的高度。当时的主流题材是抗击疫情，是非常大的一个题材。

总结：做龙头二波的重点是：①选龙头；②出现调整，时间不能太长；③买点在阳包阴的时候，也可以通过黄金分割做一个测算；④之所以出现龙头二波，要结合当下的市场热点，龙头股是市场的热点焦点，需各方关注才会形成。

要抓住龙头，首先从题材上去把握，如果只是一个小题材，或者没有特别大的想象空间来激起人们的热情的话，那么就不会形成这种龙头二波。

因为大家从走势上看得很清楚，第一波上升之后，出现调整，高位套了很多人，如果有资金再去解放高位套牢的资金，一定要题材和实力非常大才好。

龙头二波的实战总结：

一生二，二生三，三生万物，最后万物归一，不管是二波还是反抽，都是市场合力的结果。我们要做的时候，计划在先，严格执行，果断止损，不怕错就怕拖。

归纳要点：

（1）选市场最强的龙头股。

（2）找到转折点。

（3）题材足够大就会形成二波，我们对基本面题材要有把握。

（4）任何时候做投资都要立于不败之地，同时控制仓位，如果出现不理想的走势，一定要及时止损出局，寻找下一个机会。

第七课　千金难买"老鸭头"

"不测顶、不测底、顺势而为"的实用战法，适合变化莫测的中国股市。每次看到有人为了预测明日的大盘走势而耗尽心力都觉得不值得。看到盘面表现之后再采取果断的操作，只要顺势而为，任何时候你都是顺利的：跌势时你空仓，涨势时你满仓，震荡横盘时你高抛低吸半仓操作。

其实你是可以很自由地控制自己的仓位的，只是很多人总是被眼前的股票价格波动影响而忘却了自己能够做的是什么。

每一个投资者能够控制的只有自己的资金和自己的买卖点，其他的都不在自己的控制范围内。很多人梦想去控制不由自己控制的事情，结果往往事与愿违。

在以往的交易过程中，广大投资者总会问一个问题，即有没有一种简单直观的形态走势，容易上手，跟着操作就能吃到大肉呢？今天就为大家介绍一种很常见也很管用的走势形态——经典股票形态"老鸭头"。

股市有句俗语：千金难买"老鸭头"。这种走势属于底部启动的一种技术形态，它是热点板块从底部启动第一波，投资者发现后跟进第二波的一种操作方式。

本节课会详细介绍"老鸭头"的形态特征以及买卖点位操作的技巧，希望大家能够更深一步了解"老鸭头"，在以后的实战中熟练地运用。

一、"老鸭头"的概念

（一）定义

"老鸭头"形态属于一种<u>盘腰模型</u>，是个股经过第一波吸筹后快速<u>拉升</u>，然后出现平台整理，<u>调整完毕</u>后发起更猛烈的上攻，这个过程所形成的图形酷似鸭头，所以我们称之为"老鸭头"。江西有一种名小吃"老鸭头"，是生活中一种常见的美食，大家有空到江西旅游时可以品尝一下。

这种战法代表的是个股启动后的<u>中继模型</u>，就是中间稍做休整，然后继续上攻。若能第一时间发现并上车，能抓住不少"黑马"，获利颇丰。

（二）核心逻辑

"老鸭头"形态是主力拉高建仓之后，为了<u>分散筹码的成本</u>（其中有一些跟风筹码，若继续向上拉升，获利盘就会跳车），开始向下打压，以达到<u>洗盘</u>的目的，震出<u>不稳定筹码</u>，使股价跌破五日线或十日线，打击持股者的信心。

注意："老鸭头"形态是震出筹码而<u>不破支撑位</u>，调整过程中成交量<u>缩量</u>，然后股价慢慢拉升，从而再次带动短期均线拐头上行，走出扁嘴形成"老鸭头"，资金开始做第二波行情。

二、"老鸭头"示意图

老鸭头由五部分组成：

鸭眼睛：图33中❶位置。

鸭头：股价从底部向上第一波拉升的过程形成鸭头，图33中❷位置是五日线快速向上运行，到达顶部高点形成的。

鸭下巴：向上的趋势线十日线或二十日线构成鸭下巴，图33中❸位置。

鸭鼻孔：五日线出现拐点向下运行，形成鸭鼻孔，图33中❹位置。

鸭嘴：经过洗盘调整，走出第二波拉升形成鸭嘴，图33中❺位置。

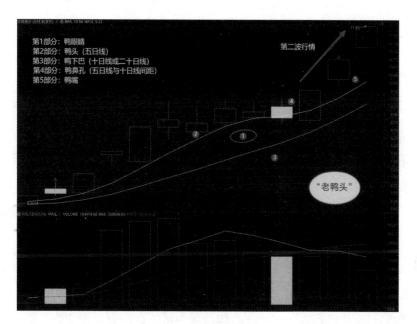

第1部分：鸭眼睛
第2部分：鸭头（五日线）
第3部分：鸭下巴（十日线或二十日线）
第4部分：鸭鼻孔（五日线与十日线间距）
第5部分：鸭嘴

第二波行情

"老鸭头"

图33

三、"老鸭头"形态特征

（1）鸭眼睛：当第一波拉升后回落调整，五日线出现拐点，此时与十日线之间的空隙就是鸭眼睛，画上去是为了更加形象。

（2）鸭头：股价第一波拉升后出现的高点，与五日均线开始拐头向下，这部分形成鸭头，这个高点非常重要，是判断后面能否突破走出二波形态的关键。

（3）鸭下巴：强势的"老鸭头"的鸭下巴都是十日线，最差也是二十日线，代表的是上升趋势，只要这个趋势还在，行情就没有结束，鸭下巴是上行趋势线。

（4）鸭鼻孔：五日线与十日线之间的间距就是鸭鼻孔，通过鼻孔的大小判断股性强弱。与鸭头相对应，鸭头是股价的第一波快速启动，五日线与十日线快速张口形成的高点，鸭鼻是经历过鸭头之后，个股进入到洗盘的阶段，五日线向下回落，十日趋势线继续向上运行，这时形成五日线与十日线的收口，这个口称为鸭鼻孔。

个股从第一波拉升后向下回落的过程即为调整时间：

1）调整的时间在 5 个交易日以内，五日线与十日线间距越大，说明鸭鼻孔通气性越好，后面走势越强劲。如果股价从高位缩量向下调整后再次向上启动，这种后期走势会比较强。因为时间短，五日线与十日线之间的间距越大，则说明鸭鼻孔的呼吸越好，通透性比较强，属于比较强劲的走势。

2）调整时间在 5~7 个交易日则次之，五日线与十日线之间的间距越小，鸭鼻孔呼吸越困难。

3）调整时间在 7 个交易日以上，出现五日线下穿十日线，这种形态非常弱，没有了通气性，如果遇到这种形态，需要快速拉升启动，否则就会跌破鸭下巴，"老鸭头"战法在操作过程中可能会失败或者变弱。所以鸭下巴是判断整体趋势是否还存在的一个重要依据。

（5）鸭嘴："老鸭头"形态最核心的就是鸭嘴，是"老鸭头"最后一个环节，如果在操作过程中迎来鸭嘴，那股票账户就处于大幅度增值状态。五日线短期调整后开始拐头向上，这时候一般是个股洗盘完毕，开始获利的阶段。鸭嘴翘得越高，代表第二波行情越好，获利越多。K 线连阳站上五日线一路飙升，这段时间才是最赚钱的时候。

四、"老鸭头"的形成过程

（1）K 线前面有一波快速拉升，股价小幅度调整后立马止跌，同时股价出现止跌企稳迹象，调整逐渐缩量，开启第二波行情，成交量开始放大，股民要在此过程中寻求买点。

（2）选择股票的时候需要注意，如果"老鸭头"在形成过程中对应市场中的主流热点，或者是市场中的人气龙头，那么其走出二波的机会就更大，主线题材和人气是加分项。

（3）我们在关注市场行业热点的时候，需要关注是否有持续性龙头轮动，强者恒强。第一波拉升结束后，若无新龙头出现，可能会进入调整期；若市场再次出现领涨龙头，个股走出"老鸭头"的概率会有极大的提升。

"老鸭头"战法重点："老鸭头"最基本的条件至少是有一波拉升，或连板吸引市场人气。高位调整期间就是洗盘，酝酿第二波行情，而真正走出"老鸭头"形态是第二波主升浪，需要做的就是抓住这波上涨行情。

五、"老鸭头"的形态要点

（1）第一波拉升形成的后脑勺必须要放量，第一波拉升形成鸭头要放量，否则说明主力拉升意愿不强。

（2）第一波调整形成的前面部必须要缩量，形成头部后向下洗盘的过程中要缩量，说明主力在把不稳定筹码慢慢洗出去，而非出逃。

（3）鸭嘴下一定要通气，通气性越高越好。主力控盘度越高，"老鸭头"的形态越漂亮、越通透，股性就越强，涨幅就越大。

归纳重点：

（1）当主力开始收集筹码时，股价慢慢上升，五日线、十日线放量上涨，形成鸭颈部。

（2）当主力震仓洗筹股价开始回档时，其股价高点形成鸭头部。

（3）当主力震仓洗盘完毕，股价再次上升，形成鸭嘴部。

案例一　（300339 润和软件）

润和软件前期有一波明显的向上拉升，伴随着放量，之后 5 个交易日向下缩量回调。回调结束后，五日线上翘放量拉升形成鸭嘴。当第三波结束后，一根大阴线击穿鸭下巴，打破了上行的趋势，后续不能再次突破鸭头的高点，走势变弱。

上涨逻辑是，当时的鸿蒙系统是市场热点，它配合着连续向上拉升。一般我们在第一波上涨后就可以发现这种类型的股票，随后就做第二波和第三波的跟随，具体如图 34 所示。

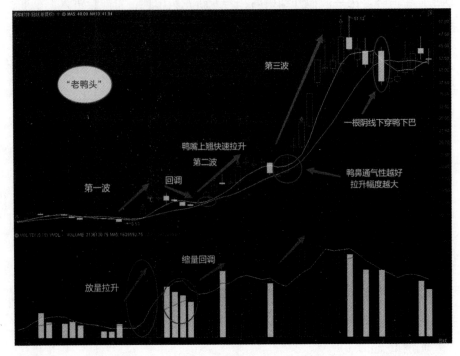

图34

六、"老鸭头"买入时机

前面我们了解了"老鸭头"的特征和要点，那什么时候才是"老鸭头"合适的买入时机节点呢？

（1）高位调整期的 K 线在平台震荡，下跌十日线附近后再跌不下去，有明显的支撑，贴合支撑价格做低吸。

一般在鸭头出现后，鸭鼻形成时会向下洗盘，跌到十日线附近后再跌不下去，在这一带位置，如果前面符合"老鸭头"的特征，那么下跌到十日线附近就可以做低吸。

这个买点属于左侧买点，是在调整期买进。我们以鸭下巴作为止损位，如果后面不能拉起形成鸭嘴，或者跌破十日线向下，量能又不能很好配合，那就要注意及时止损。

（2）当股价放量冲过前期鸭头顶，则瞬间介入，这属于右侧买入。当股价回调好后，在再次启动拉升突破前期高点时的位置介入，鸭嘴巴翘起时"老鸭头"的形态就形成了。

（3）在鸭鼻与鸭下巴间距最短时介入，但不贴合，调整周期最好在5个交易日内，这种属于次之的一种走势，并不是特别强。

案例二 （688063 派能科技）

走势详见图35。

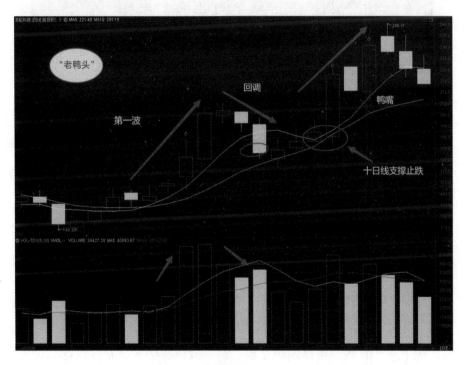

图35

"老鸭头"的形成基本都是从底部开始向上，经过前期充分的调整，然后第一波开始启动，放量加速向上。我们通过"老鸭头"战法选择个股的时候，要看前期是否有过较大幅度的拉伸，最好选择第一波向上拉伸回调完毕后介入，关注后面鸭嘴的这一部分行情。派能科技鸭鼻孔位置贴得比较近，属于次之的一种形态。

下面是一个失败的案例：

案例三 （300708 聚灿光电）

走势详见图 36。

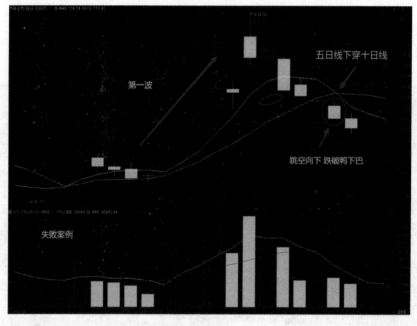

图 36

聚灿光电前期底部震荡整理，然后开启第一波拉升，调整过程中跌到了鸭下巴的位置，此时有一定的支撑，次日跳空向下，跌破鸭下巴。同时，五日线下穿十日线，整体走势变弱。在实战过程中要特别注意这个位置，要随机应变，对后面能否出现鸭嘴的预期，要仔细甄别。

小结：通过今天的讲解，我们学习了"老鸭头"的形成过程、"老鸭头"战法在实战中的运用，相信大家收获不小。"老鸭头"是底部上行的一种中继形态，我们要配合着市场热点、行业龙头这样的个股进行操作，对应着强弱之分，成功的概率会非常大。

第八课　超短线的核心秘密

做短线交易，特别是超短线交易，一定要按照技术和心理分析来操作，"物极必反"、乘胜追击是很好的方法。"快、狠、准"正是短线交易的技术要点。

稳定盈利的唯一方法就是积小胜为大胜，见好就收，知足常乐，不要太贪，要学会适当控制自己的欲望，能坚持原则，守规矩，不要因为一时的冲动而改变自己的计划，不轻易追高，最主要的是做有把握的事、做确定的事。

股票投资勤学技术，苦练绝技，只有不断重复使用才能达到熟能生巧的效果。要想达到"无招胜有招"的境界，必须先把简单基本的招式学会，并且在熟练之后把固定的格式和思维全部忘掉，随心所欲地采取正确的操作方式。

如果没有百分之百的确定就不要轻易操作，因为要克服那种不确定是一个过程，每个人都会因为自己的情绪而把握不住瞬间的决策，学会放弃不确定是成功操作的开始，坚持不懈采取非常明确而且是自己确定的操作方式，不成功都难。

技术的适用是一个过程。有时候因为时代的变迁，原来一直有效的方法变得没有用了，因此只学刻板的技术是不会成功的，只有随机应变，使学到的方法根据市场变化而不断修正，保持操作的高成功率，才能稳定地使自己的资金保值增值。

一、超短线的意义

大家可能都喜欢玩超短线，今天买明天卖，或者拿久一点后天卖，都希望买了之后暴涨，这是很多散户和股民朋友的操作手法。那其中到底有什么样的逻辑与技巧呢？下面从战略角度来讲一下超短线应该注意哪些事项、步骤是什么。

我们做超短线一般涉及两个问题：第一个是选股的问题，就是我们选什么样的股票做超短线；第二个是我们选股后的买点和卖点该如何把握的问题。

二、超短线选股的依据

超短选股的核心是人气，人气 = 连续的上涨 + 赚钱效应。

一只股票连续上涨并有很强的赚钱效应，那么这只股票就是人气股。所谓人气就是很多人都在关注它，首先它在大涨并且能赚钱，应该还会继续涨，趋势延续；其次涨了之后赚钱效应出来了，参与者赚钱了，跟着买的也赚钱了，这只股票就有了人气。所以想玩超短线就选人气股，别选其他的，其他那些股处在低位几个月都不动，买进去就是一个坑，被套半年也就不是超短线了。

好的人气也能吸引资金源源不断地进入，从而推动股票继续上涨，接力高位筹码。所以，买股票的核心点在人气，如果个股没有连续上涨，没有很强的赚钱效应，那么就不能作为超短线的选择目标。图 37 是人气股顺控发展。

三、超短线交易的核心

我们选股是选人气股，交易的核心就是看情绪。

因为一只股票如果每天都在涨，如前期的顺控发展（见图 37）和华银电力（见图 38），都是涨停板，没什么区别，无法指导买卖。那么什么时候买入呢？主要看情绪。

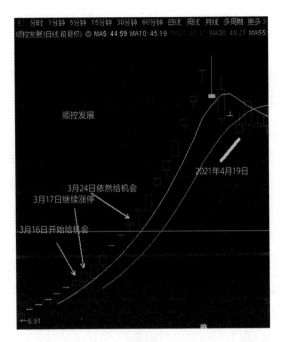

图 37

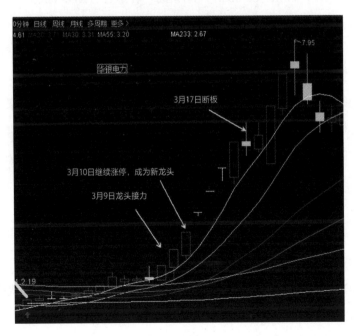

图 38

同样是涨停板，但是代表的情绪是不一样的。在涨停初期，分时图代表的情绪是不一样的，在涨停中期和尾声也都是不一样的。我们抛开股票的K线形态等一些基础的东西，研究它内部的东西，才能得到买点和卖点。情绪是有周期的，我们做超短线的股票，K线没什么区别，都是涨停板，但是它内部的情绪是有区别的。

情绪的周期性：犹豫（初期试探性买入）—股票上涨开心—大涨兴奋—暴涨狂热—犹豫（股票进入高位，买盘不足犹豫观望）—失望（股价回落）—痛苦（股价连续下跌）—犹豫（试探性买入抄底，股价新一轮上涨）……如此，便进入了循环。

市场上也是如此，刚开始出现龙头的时候，资金比较犹豫地进入，股民买入之后股价就大涨，之后龙头走完一波，再买入就比较犹豫，大家都在想到底还能涨多少呢？之后龙头股下跌，跟风股杀跌，这时候进入一个痛苦甚至恐惧的阶段。

之后开始买入新的龙头股，开始新的一轮炒作。所以说情绪有周期性，大家以后在操盘超短线的时候感受会比较明显：同样的涨停板反映的意思不一样；不同位置的涨停板反映的意思不一样；同样位置的涨停板分时图不一样；资金情况不一样……反映的情绪也不一样。

超短线交易一般买在大涨之前，卖在高位犹豫的时候。总结来说就是：超短线的核心是人气和情绪。

选股的核心是人气，交易的核心是情绪。根据人气去选股，根据情绪去指导交易，买在犹豫、买在上涨的正当时，卖在高位犹豫点。

四、超短交易细化

（一）第一步看大局观

市场整体的表现叫大局观，如市场目前的赚钱效应、市场板块的情况、龙头股的整个氛围、整体很好做还是难做。

超短交易的第一步就是看短线情绪大局观。

主要有两点：①龙头股：龙头股涨，跟风股就涨；龙头股跌，跟风股就跌，龙头股影响跟风股从而影响板块。②灵魂板块：灵魂板块涨，跟风股涨；灵魂板块跌，跟风股跌，会影响很多板块。龙头影响板块—板块影响整个市场，非常完整的逻辑链，会进而影响整个超短的大局观。

分析龙头股的走势，能简单看出超短大局观。我们要买在龙头开始上涨的时候，一定不要买在龙头快要结束的时候；买在主流板块开始爆发的时候，不能买在主流板块开始退潮的时候，这就是超短线的逻辑。

超短大局观的两个转折点：①人气龙头的赚钱效应从高潮开始回落，开始卖，准备休息。②亏钱效应从冰点开始退潮的时候开始，亏到了极致，龙头股开始出现，准备买了。

（二）超短开仓时机

什么时候准备买股票呢？很多板块都有一个规律。

（1）具有大格局的资金，提前吸筹低位已经企稳的大盘人气股，传递一种市场情绪——已经企稳，可以开始操作了，来稳住市场情绪。

（2）一些比较活跃的短线资金，看到人气股已经企稳，恐慌情绪消失，它们会先去攻击一些先锋股，做先锋股的涨停板，达到赚钱效应，引导市场情绪的反转。此时会刺激到整个板块的表现，有连板股、趋势股、大涨股的出现，行业龙头人气股已经企稳，由连板股吸引目光，整个市场开始活跃起来。

案例一　（600519 贵州茅台）

2021 年 5 月 11 日贵州茅台一根阳线起来后，整个白酒板块开始表现，具体如图 39、图 40、图 41 所示。

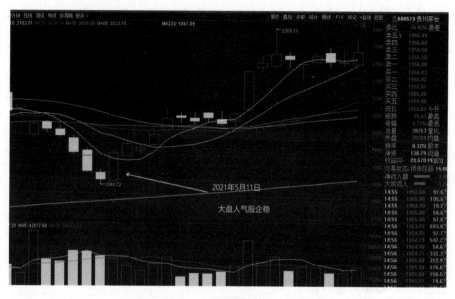

图 39

案例二 （603025 大豪科技）

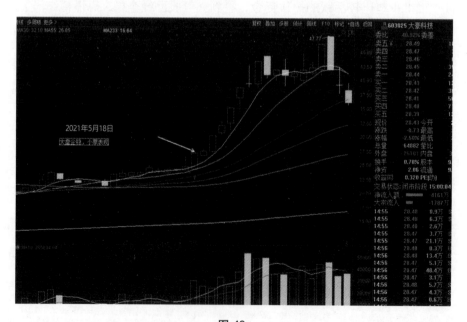

图 40

大盘人气股企稳后，小票开始表现。

案例三　（600238 海南椰岛）

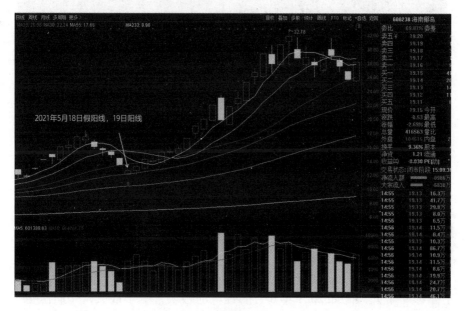

图 41

2021 年 5 月 19 日之后出现一波很好的趋势，正是因为贵州茅台被大格局资金阳线企稳，随后才有大豪科技、海南椰岛连续出现涨停板。同样的还有锂电池的龙头宁德时代。

案例四　（300750 宁德时代）

宁德时代在 2021 年 3 月 25 日跌到了 280 元附近开始反转的时候，带给了市场板块企稳的信号，2021 年 7 月锂电池板块变得非常火爆（见图42），这是因为有核心人气股企稳后，板块才会有表现，这个规律一定要记住。

开仓时机都选在大盘人气股企稳之后，如果有市值比较小的、很活跃的股票出现连续涨停板，趋势性大涨之后，我们去做会更好。

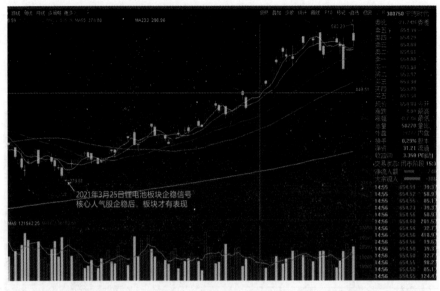

图 42

（三）选择题材

题材分为两种，即大题材和小题材。大题材可以反复做，因为时间和空间都非常大，比如 2021 年 6 月的锂电池板块，涨了很久，个股涨势很猛，宁德时代翻倍，所以操作上尽量做大题材。知道大局观之后要知道开仓时机，知道开仓时机之后要知道板块，然后选大题材板块。

（四）选择个股

尽量选择龙头股去做，买了大题材的龙头股后不要随便卖出，特别在初期，高位可以卖，因为涨幅会非常大。

题材炒作的时候有三种股票：①人气先锋股；②中军龙头；③跟风股。

操作上，以中军龙头为主、人气先锋股为辅，跟风股不做！

人气先锋股是快速拉涨停去试探市场的抛压，引导资金炒作，树立一个榜样，一般拉一个涨停看砸盘力量多不多，拉一个上涨看跟风的多不多，表现为早盘快速涨停。

中军龙头股一般换手比较充分，K 线来回震荡，最后尾盘涨停或者趋势线股票尾盘大涨一点，每天成交量比较大，一般为 10 亿~30 亿元，资金来回交换筹码，它涨带着板块都会涨，跌的话板块也一起跌，跟着一起涨和跌的叫作跟风股，所以我们首选中军龙头，次选人气先锋股，跟风股不做。

超短交易的整个流程：

（1）先看大局观，判断目前的情况是不是可以做、是否为开仓时机。

（2）确认开仓时机，情绪开始转折，从不好变为好。

（3）选择板块，以大题材为主。

（4）选择股票，以中军龙头为主、人气先锋股为辅。

五、超短交易的复利

我们做超短交易是要复利交易，很多股民做超短交易是开始的时候赚钱，但最后就是不赚钱，因为他们赚完之后又还给了市场。超短交易的关键在于如何去复利，就是控制风险、控制仓位。

超短线并不是今天买明天卖，是可以做的时候今天买明天卖；不可以做的时候还是要休息，控制回撤。仓位管理是核心，超短线也需要空仓。空仓有以下两种情况：

（1）市场没有赚钱氛围，没有龙头股的时候尽量休息空仓，非要买就买一成仓，亏不了多少钱。

（2）龙头股见顶后，一般会杀跌，未来1~2周会杀超短线，很多短线玩家都是在龙头见顶后亏得最多，因为他们会觉得龙头股见顶后趋势会延续，不认输，之前赚很嗨不知道收手，这时候往往最容易亏钱，龙头股一旦见顶，要及时做好风向的转变，从过热的头脑转变为冷静的思考。

这两种情况出现后一定要空仓，若非要持有，尽量保持一至二成仓，玩玩即可。

小结：超短线操作主要是利用大局观指导我们的操作，要把握开仓时机，选择转折点。大盘人气股先企稳，人气先锋股打造赚钱效应。尽量选择大题材，因为它持续性很强，再选择中军龙头、人气先锋股，不选跟风股，做完这些流程之后就该休息了。比如，锂电池炒完，也会有很多短线投资者亏钱，因为很嗨，不知道撤退，赚的钱又回到了市场中，导致白玩了，所以要把握市场节奏，控制仓位。

第九课　超短线的买卖点

个股很多时候都有所谓的"领头羊"，股票上涨之后继续加速上涨，当所有的机构都同时推荐某一个焦点题材的时候，该热点就要疯狂了，疯狂过后就是调整，当很多投资者疯狂地以不可思议的高价去追买时，你要做的事情就是坚决卖出。

市场常常有一些游资，不断寻找适合攻击的品种，一旦被它们相中，必然以连续涨停的面貌视人，强庄本色凸显。资金实力最强的机构总是喜欢按照自己的规划去做股票，我们要做的事情就是找出最牛的短线机构，跟随它的脚步，达到资金快速增长的巅峰状态。

本节课主要讨论在细节上如何捕捉个股的买卖点。上节课我们谈了如何玩转超短线，从宏观战略角度讲了一个大的范围，即如何看大局观、选择开仓时机、选择大题材，以龙头股为主、先锋股为辅，控制回撤复利，但是具体的买卖点没有讲。股票的操作原理其实很简单，无非就是买、卖、持有，对于大多数散户来说，买和卖最重要，持有只是中间的一个过程，大家很在乎买与卖，那具体如何操作呢？

一、超短牛股

我们观察图 43、图 44 和图 45，也就是顺控发展、华银电力、小康股份，单看日 K 线图似乎没有什么区别，涨停板都非常多，都在五日均线之上，并且涨得非常快，所以单看日 K 线图很难准确把握买卖点。

这三只股票的走势都非常棒，那我们如何做到低点买入、高点卖出呢？如果一只牛股的涨幅为 100%，那只赚 1% 就没什么意思；如果赚了 10%~20% 就比较满意，越多越好，这就在于买卖点的把握。

通过总结以往的实战经验，我们在操盘时，**超短牛股买卖点要看分时图，以分时图为主，以其他周期为辅**。

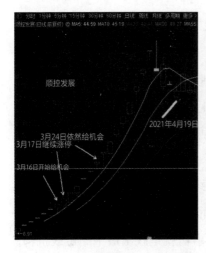

图 43

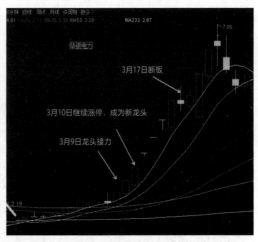

图 44

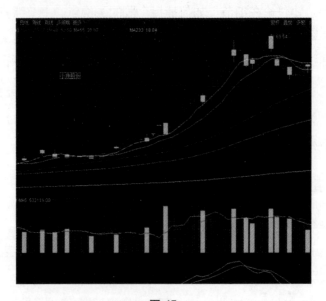

图 45

二、超短分时形态

我们通过观察一些常见的分时走势图，解析分时图上的一些显著特征，让大家有一个清晰的思路，以便在今后的操盘过程中更好地进行买卖。

（一）上涨分时形态

上涨分时形态如图 46 所示。

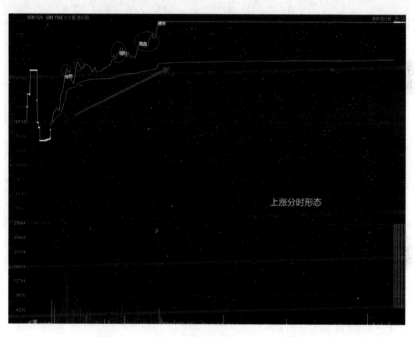

图 46

分时图分为两根线，一白、一黄，白色线称为即时成交线，黄色线称为平均成本线，上涨形态就是白线一直往上涨，几乎都在黄线上方运行稳定上涨。

（1）**形态特征**：分时图以尖角波的形态持续上行，均价线也持续上行，回调不碰均价线。

（2）**形成原因**：主力连续买进，当天抛盘的大部分被主力买进，几乎吃掉所有卖单，不碰到黄色均价线，代表目前走势非常强势，是主力势在必得的上涨形态。

（3）操作方法：股票出现这种分时形态，回调就低吸，只要尖角波一波比一波高，就果断买入，不要随便卖出。

（二）下跌分时形态

下跌分时形态如图 47 所示。

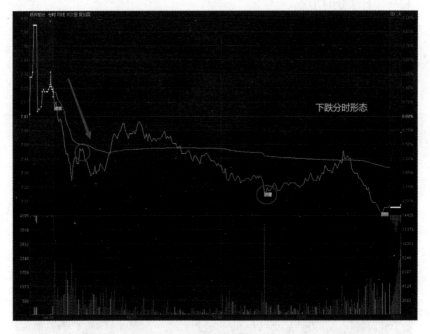

图 47

（1）形态特征：高开低走，<u>快速下跌</u>，盘中股价会有小反弹，但大部分时间分时图在均价线之下运行，而且均价线一路走低。

（2）操作方法：分时线在均价线下方运行，这种形态代表资金一直在卖出，所以<u>只卖不买</u>。

（三）诱多分时形态

诱多分时形态如图 48 所示。

（1）形态特征：股价经过一波大幅上涨之后处在高位，早盘低开低走震荡，这主要是买盘不足所致，尾盘由于没出完货所以拉一波上升，出现了放量上涨的形态。

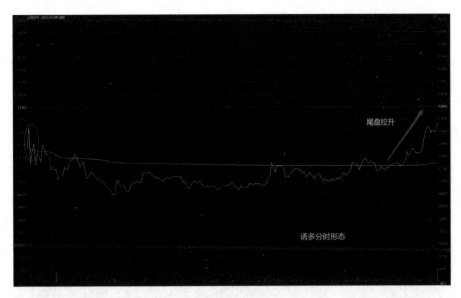

图 48

从日 K 线上看没怎么跌，但是分时图盘中大部分时间在跌，只是尾盘拉了回去，日 K 线上就有一根很明显的下影线。这种分时图出现在高位，说明盘中主力资金没有实力护盘，只有在尾盘偷袭把股票做上去。

（2）操作方法：持有者可以择机卖出，空仓者不要追高。

（四）诱空分时形态

诱空分时形态如图 49 所示。

（1）形态特征：出现在低位、上涨初期的股票。早盘出现高开低走、低开低走、冲高后大幅下跌等诱空形态。盘中有震荡突然下杀，迫使里面的筹码"割肉"，但又不能把图形做坏，否则不利于后面的上涨，尾盘有一个拉升动作，K 线有较长的下影线。

（2）形成原因：主力有意制造恐慌，击垮持股者的信心，当持股者因恐惧大量卖出后，股价会在尾盘被拉起。

（3）**诱多与诱空的区别如下：**

相同点：尾盘都有一个拉升动作，盘中都有杀跌。

不同点：股价上涨的高位叫诱多，因为没有资金去护盘，盘中大部分时间在低位震荡。

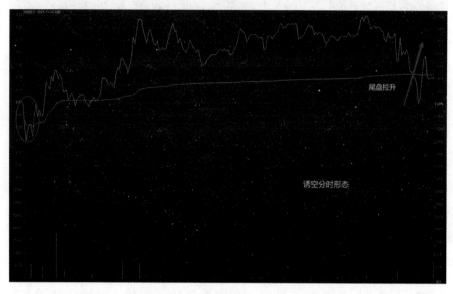

图 49

股价上涨的初期叫诱空，诱空盘中大部分时间在高位震荡，盘中有杀跌是为了吓走不坚定的筹码，收集筹码后会更好地进一步上涨。

当天出现诱空形态时不要被吓跑，股票在低位出现了诱空形态时很可能会涨。

（五）出货分时形态

出货分时形态如图 50 所示。

（1）**形态特征**：股价在上涨一波之后，处在高位，上涨力度较弱，虽然有资金在拉升，但每次创新高之后就有抛盘，涨完之后就有卖盘出来，上涨时没有大单买进，下跌时有大单卖出，此时就要注意，高位很可能就是出货分时形态。

小单护盘大单出逃，卖比买多，这时就要注意风险。盘中来回震荡，看分时图非常不协调，下午拉升让股民感觉非常强，尾盘突然下杀，放量

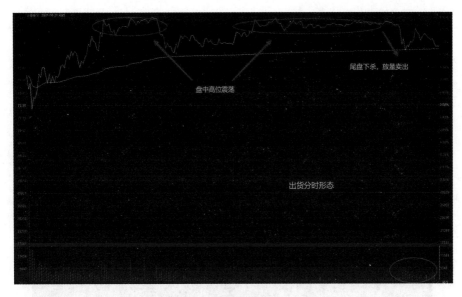

图 50

非常明显，能卖出很多筹码。

（2）**操作方法**：如果股价在高位出货分时形态，我们就只卖不买。

小结：以上是 5 种分时形态，大家要结合每种分时形态判断如何具体操作，如诱多时不要去买，诱空时不要去卖，上涨时只买不卖，下跌时只卖不买，出货时要谨慎。

三、分时图卖点

股市有句俗语，会买的是徒弟，会卖的才是师傅。可见，卖点比买点更重要。刚才讲了几种常见的分时形态，下面我们来看一下常见的分时图卖点。对于股票的买点，大家可能都有自己的方法，但是卖点总觉得把握不住，感觉自己卖错了。那么究竟如何找到分时图卖点呢？

下面我们来看一些具体的案例。

（一）高开出货

走势详见图51。

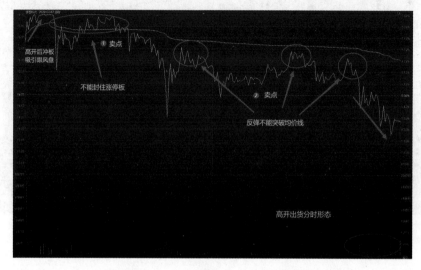

图51

（1）**形态特征**：股票早盘大幅高开，高开得有点异常，之后不能封住涨停板，而且分时图总是频繁地跌破均价线，反弹不能突破均价线，在均价线附近震荡，这时就要特别注意，很可能高开出货。

早盘大幅高开，主力用这种手法增加出货空间，降低出货成本，时间成本和资金成本远比边拉边出货付出的代价小。

需要注意：如果高开过多，要么是强势涨停，要么就是里面的筹码获利出局，因为利润比较多。

（2）**操作方法**：股价不能封住涨停板，反弹不破均价线就择机卖出。

（二）开盘后急拉出货

走势详见图52。

（1）**形态特征**：股票开盘后开得并不高，短时间内突然急拉一波，让你感觉可能要冲涨停板，但之后就熄火了。正常的涨停是一波拉升之后短暂休息，然后再接着拉升，而这只股票是一波之后就没有了，开始回撤，

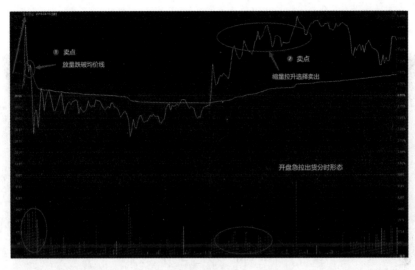

图 52

这种情况就属于开盘之后急拉出货。

急拉是为了吸引资金进场，早盘非常容易吸引短线资金跟风，涨幅排行榜出来之后，涨速遥遥领先的个股会有很多人跟进，主力正好借这个机会出货，后面也没有资金去拉升第二波冲涨停，这就是急拉出货。

（2）**操作方法**：出现这种急拉出货走势时，看一下均价线，在它跌破均价线时卖出，或者第二波拉升时量能没有放出来时也可以选择卖出，因为冲涨停要有明显放量。

（三）不破开盘价位

走势详见图 53。

（1）**形态特征**：开盘后冲高，受到大盘环境影响，主力无意护盘，反弹未能创分时新高，就差那么一点不去突破，可见主力没有做多的意愿，后面走弱已成定局。

股价跌破均价线，之后不管怎么反弹，就是突破不了开盘价，说明资金没有意向去攻击开盘价，或者说开盘前所有在集合竞价时买入的人当天都被套了，会对股票走势产生负面影响。

需要注意：在高开不多的情况下，如果高开 8 个点，那肯定是很难突破的。

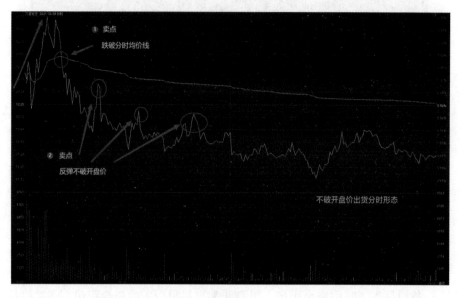

图 53

（2）**操作方法**：当股票盘中有反弹，但是不能突破开盘价位时，则说明这只股票很弱，那我们要趁着反弹时卖出，或者在跌破均价线时卖出。

强调一点：我们在做短线强势股的时候，分时图均价线可以指导我们进行操作。如果一只股票非常强势，则很少会跌破均价线，或者频繁跌破。真正的强势股会一直往上走，呈现上涨形态；比较弱一点就会频繁地围着均价线震荡，操作上应该减仓。

（四）多头陷阱

走势详见图 54。

（1）**形态特征**：开盘后急拉，与开盘急拉出货类似，区别是前者拉一波后回调，回调后再拉，盘中一直反复拉升震荡，但是每次的反弹高度越来越低，而开盘急拉出货基本上拉升一波就结束了。

（2）**操作方法**：开始拉升 10 个点左右，之后 6 个点、5 个点、3 个点，越拉越低，最后走弱，反弹一次比一次低，这时就要找机会卖出，或者在

图 54

跌破分时均价线时卖出。

（五）高位剧烈震荡

走势详见图 55。

（1）形态特征：股票经过前期的强势上涨，处于高位，当天早盘也非

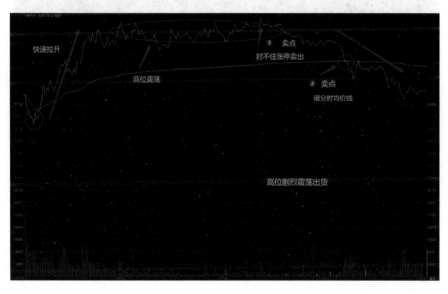

图 55

常强，从底部快速拉升近 10%，主力为达到出货的目的，摆出了一副大举进攻的架势，诱惑跟风盘。

拉高到接近涨停的时候就非常犹豫，冲高就回落，就是不敢冲击涨停板，没有一笔大资金愿意去封板。此时就需要谨慎，股价在高位震荡，给人一种似封又封不住的感觉，进一步刺激散户入场。

尾盘快速下跌，以为是抄底的时机，给人"有便宜货可以捡"的幻想。其实全天不管什么价位进场，主力都是欢迎的，只要能接他们的货就行，因为从后面的行情来看，也还是要降价抛售的。

（2）**操作方法**：激进封不住涨停板卖出，稳健一点跌破均价线的时候卖出。

（六）阴跌卖点

走势详见图 56。

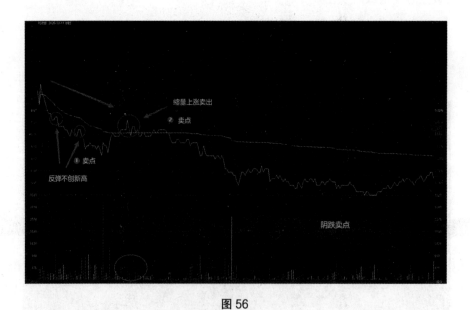

图 56

（1）**形态特征**：当股票经常出现下跌或者绿盘低位震荡的分时形态甚至出现诱多的分时形态时，此时以卖为主。阴跌卖点如图 56 所示。

阴跌走势的个股主力做空意志坚定，即使大盘转好也不能扭转局面，持有这样的股票，应该及早斩仓，转投其他标的。急跌不可怕，因为有可能是主力的<u>震仓行为</u>；阴跌则不同，一两天亏不了多少，时间长了，每天跌一点，亏得也很多，钝刀子割肉特别伤人。

（2）**操作方法**：如果大盘走势很好都带不动该股的走强，应该及早斩仓，换强势个股。

四、其他卖点

除了刚才讲的常见的六个卖点，还有另外两个卖点，这两个卖点不是看分时图，而是根据<u>消息</u>来确定。

（一）利好卖点

如果股价在利好消息公布之前出现了连续大涨，利好公布之后，主力会借着<u>利好消息出货</u>，特别是该股如果没有封涨停，第二天高开后直接杀，就要坚决卖出。

对于散户来说，只要利好就要买，也不用仔细分析利好的原因，你一买别人正好把筹码交给你，这就是<u>利好卖点</u>。

（二）高位放量卖点

大家应该听说过<u>天量天价</u>，一只股票在高位的筹码不能随便松动，一旦筹码松动，代表之前看好的持有者和追进来的人交换筹码。不要指望新进来的人有很强的看好意愿，特别在高位追进来的，稍微有点风吹草动他就会很恐慌，特别怕站岗，所以在放量之后一两天内，做短线要<u>适时卖出</u>。

在主升浪中，如果股价高位震荡，放出巨量，说明主力有派发的想法，有可能会在短时间内见顶。

小结：本节课主要讲了超短线的买卖点，讲了五种常见的分时形态：上涨、下跌、诱多、诱空、高位出货。之后讲了常见的分时图卖点，要强调一点，重视分时图的<u>均价线</u>，每次当白线和黄线相交时，特别是跌破的时候，大概率就是卖点信号，突破就可能是买点信号，这些在后面的课程中还会详细讲解。

今天主要了解一个大概意思，强调要重视<u>黄色均价线</u>，无论是普通选手还是短线高手，都会非常重视，很多游资会特别重视这根均价线，大家应该明白它的重要性了。

除了常见分时图卖点，还讲了其他两种卖点：<u>利好卖点</u>，<u>高位放量卖点</u>。以后大家会经常碰到这种股票走势，在本节课大家先学一个大概，重点是运用，学完之后要运用，运用之后就会加深印象，希望大家在实战中去运用和锻炼。

第十课　超短线的心态

年轻就是本钱，失败了还可以重新站起来，每个人在实盘过程中都会经历一些失败，然后通过长期实战积累才可以成为真的赚钱的人。

天上是不会掉馅饼的，股票市场没有不劳而获，每一分的付出都会在将来得到回报，关键是让自己的脑袋多装点知识和经历，尽早成为成熟的股民。

如果真的想在证券市场获得财富，就要趁早找到自己的教练，学习好过硬的本事，然后越早致富就越好，人只有大胆地经历股市的风雨和阳光才会慢慢变得成熟，成熟的股民不会贪心，也没有一时冲动的操作，每次操作都是经过细致的分析才作出决定的。

本节课归纳了以往实战中的经验，也得到了游资大佬的验证，他们也在使用。今天我们把超短心法做了一个浓缩，取其精华，希望大家认真领会其中的内涵，在今后的投资操作中能够有所裨益。

一、超短投机与价值投资的区别

价值投资者认为，短期的市场是不确定的；超短投机者认为，短期的市场情绪是有规律的，长期反而是无法预料的。

所以价值投资者和超短投机者的操作是不同的，千万不要把超短做成了中线，也不要把价值投资做成了超短。超短示例如图57所示。

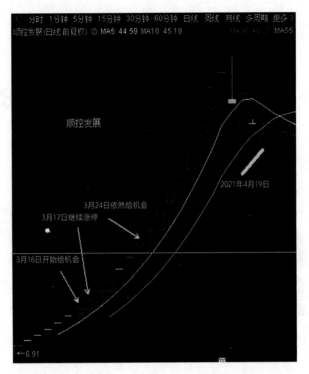

图 57

（一）参与者的角度

超短投机：一般以游资和散户为主。

价值投资：一般适合大资金机构，以大型基金为主。

（二）交易角度

超短投机者： 看的是短线市场情绪、龙头股灵魂板块对市场的带动效应，他们认为短期市场是有规律的、可以预测的，而长期市场反而是无法预测的，因为一个题材炒完之后，下个题材是无法预测的。

价值投资者： 他们认为市场短期是不确定的，长期是确定的，因为他们会根据公司的估值去评估市场，能看得出这个公司在未来几年内会达到什么规模。

小结： 希望大家在以后的交易过程中，不要把超短投机和价值投资做混了，不要犯这个致命错误，本来想做短线，结果亏损后做成了中线、长线，既浪费了时间，又使亏损增加。

同样有人说要做价值投资，结果跌了 3~5 个点就忍不住割肉，涨了 3~5 个点忍不住卖了，这都是错误的。

所以在做股票之前就要想清楚，到底是做超短投机还是价值投资，每种做法不一样，操作技巧和买卖点以及持股心态各方面都不一样，希望大家有一个清晰的认识，本节课我们主要讲超短心法，价值投资先不讲。

二、超短操作的基本素质

很多人觉得价值投资很专业，例如宏观分析、行业分析、赛道分析、财务分析、公司估值计算等，感觉都是非常专业的，为什么机构能做价值投资，因为它们很专业，这是大部分人的观点。

但相对而言，超短线也很专业，要求也很高。

市场是最残酷的，很多散户游资做超短线，真正能做成的并不多，10 人炒股 7 亏 2 平 1 赚，这还是平均成果，如果单纯算散户的话，赚钱的可能 10% 都不到，很少一部分人能够赚钱，因为超短线对技术的要求非常高。

（一）短线是一种综合技能

善于做短线的人，应该清楚自身的特点，根据自己的特点去操作股票，寻找适合自己的方法。

根据特点、性格、心态去匹配方法，才能在市场中赚钱，如果不匹配，本来是慢性子非要去做超短，结果会事倍功半；或者本来是急性子非要拿着一只股票半年也不动，同样也吃不消。所以，性格、心态要与方法匹配。

（二）短线操作需要较强的综合素质

（1）冷静的心态。

（2）良好的大局观，对市场整体有一个清晰的认识。

（3）完善的交易系统，比如什么时候做股票、什么时候休息、是重仓还是轻仓，都要有一个系统性的计划。

（4）具体的操作方法。

三、超短操作的具体要求

我们将从心态、大局观、交易系统、具体操作方法四个方面详细讲解。

（一）超短操作的心态

1. 正确的心态

（1）如果你能认识到，你只能赚你该赚的钱，不能赚到市场所有的钱，不要想抓住市场所有的机会，那么你的心态是合格的。

（2）当市场的走势和自己的判断不一致时，要么重新分析，要么远离，越是关键时刻越要冷静处理，平稳的心态是做短线的根本。

比如，你感觉某一只股票今天要涨，你买进结果它跌了，那么这时补仓是错误的，任何时候都需要冷静的心态。

（3）买入机会，卖出风险。只要是符合你的交易系统的交易，就要该买则买，胜负交给概率。按照交易系统提示的信号去买卖，有了买的信号就买，有了卖的信号就卖。

当交易系统提示你有了买的信号，但你感觉应该卖了，然后你就卖了，这种做法是错误的。买入的是机会，而不是买自己的感觉，卖出的是风险。

2. 错误的心态

很多人一旦亏钱就急于回本，要么加仓要么重仓，或者刚"割完肉"马上买新股票，结果越亏越多。

总之，在亏钱的时候不要胡乱操作，因为这个时候你的操作带有情绪化，情绪化操作越做越亏，越亏越多，结果当下一次机会来临的时候，你重仓被套，没有资金去出手，除非"割肉"，但你也舍不得，骑虎难下。

还有很多错误的心态就不一一列举了，大家可以想一下，自己在以往的交易过程中出现过哪些心态？哪些是正确的，哪些是错误的？总结一下，以前犯过的问题之后可能还要犯，心态是周期性的，周期性是永恒的。江山易改，本性难移，曾经犯过的心态问题未来可能还会犯，那就要总结它，然后改变它。

（二）超短大局观

超短大局观属于道的范畴，是很宽泛的概念，主张站在更高的视角去看待整个市场，简单来说就是对市场有一个大概的认识与判断，主要是看赚钱效应与亏钱效应。

1. 赚钱效应

市场上有很多短线选手，技术水平参差不齐，对市场的理解有限，但是他们在某一个阶段也会赚钱，赚钱之后他们会快速买入新的股票，当这种行为产生群体效应时，就是**赚钱效应**，这时候的热点有持续性，**赚钱效应是吸引短线资金不断进场的最大动力。**

市场中水平高的人有自己独到的交易体系，经常能赚钱，我们不管他们。水平低的人在市场行情好、赚钱效应好的时候也能赚到钱，股票随便买随便涨，做错了第二天也能反包，这个时候也很容易赚钱，这就是市场赚钱效应好的时候。之所以赚到钱，是市场与他们相匹配。

2. 亏钱效应

如果普通选手短线追涨，接二连三地失手，亏损较大，他们就会反思，减少操作，当这种行为产生群体效应时，就是**亏钱效应**，这时候的热点没有持续性，强势股容易补跌。

一些普通选手买入股票后第二天就跌，今天涨停明天跌停，或者今天涨得非常好，第二天直接闷杀跌停或低开震荡，甚至第二天一字板跌停，接二连三失手，做一次错一次，这时市场就会传递出一种负面情绪，这种情绪会产生亏钱效应，此时短线选手就会选择观望而不敢做。

小结：这两种心理变化过程，是不断循环往复的，大局观看的就是这种情况，什么时候有赚钱效应，什么时候有亏钱效应，当赚钱效应刚开始起来的时候就是入场时机；当亏钱效应出来、赚钱效应达到顶峰转折的时候，我们要选择观望，轻仓甚至空仓休息。

掌握了这种轮动规律之后，就可以踏准市场的节奏。同时，我们的心态要保持冷静，不要去引导市场，要跟随市场，跟随得更紧一点就好。

（三）交易系统

1. 交易系统的功能

具有一套完善的交易系统，才能做永远的赢家。我们没法知道明天大盘是涨还是跌，但好的操作可以做到的是：**如果大盘上涨，我的股票大涨；如果大盘下跌，我的股票不跌或者小跌，这样才能不断盈利。**

这就是对交易系统的合格运用，你要做一个交易系统就必须满足这个要求，否则你的交易系统就要重新设计。

交易系统可以提示你操作的板块、个股以及买卖点位，你只需要梳理一下。交易系统可以是文字形式，也可以是程序化形式，但核心是一定要有逻辑。

2. 交易系统的内容

（1）开仓时机。根据大局观选择开仓时机，在赚钱效应好的时候入场。大局观要看龙头股和灵魂板块。

（2）选择题材板块。以长期的主流题材板块为主，短期的支流题材为辅。

热点：有长期主流题材，也有短期的支流题材。长期主流题材能持续炒作很久，可以反复做；短期的支流题材爆发力强，快进快出，赚完就跑。

赚钱效应：赚钱效应好的时候，以做热点为主；赚钱效应差、市场恐慌的时候，以做超跌为主。

（3）选择个股。选择超短牛股，以龙头为主、先锋人气为辅。

（4）确定仓位。选好个股后买几层仓？这部分内容会在下文进行详细介绍。

（5）买卖点。结合大盘、主流热点、各种战法指导操作，包括预判、试错、确认、加仓等。

（6）控制回撤。

（四）超短仓位

市场机会多，就多操作；市场机会少，就少操作。

具体仓位如下：

赢面 60% 以下，观望；

赢面 60%（含）~70%，小仓出击；

赢面 70%（含）~80%，中仓出击；

赢面 80%（含）~90%，大仓出击；

赢面 90% 及以上，满仓。

这个赢面包括胜率和涨跌空间比。

比如，要重仓甚至满仓买股票的时候，需要满足两个条件：①胜率要90% 以上。②上涨的空间和下跌的空间比率要非常大，上涨空间至少看到30%~50%，涨 3~5 个板；而下跌的空间应该在 3%~5%，满足这两个条件就可以重仓出击。

四、超短买卖思路

（一）交易的本质

股票交易是一种群体博弈，场外潜在买入者的钱和买入倾向大于场内潜在卖出者的钱和卖出倾向，就买入；反之，则卖出。

判断买卖无非就是针对个股、板块、市场，对比目前准备买的人的资金量与欲望与准备卖的人的资金量与欲望。当买的人比卖的人更多时，就买入，相反就要卖出。

（二）买卖小技巧

（1）如果你现在空仓，你还会不会买你手中的这只股票？你什么也不想买，那就卖出手上的这只股票。

（2）如果你现在空仓，你会买其他股票，不会买你手上的这只股票，那么就换股。

（3）如果你现在空仓，你还是会买手上的这只股票，那么就不要卖了。

小结：在交易过程中，我们要把自己的心态放平和，因为持仓会影响自己的心态，会不自觉地找一些所持股票的利好消息，找很多看好的逻辑，幻想股票会暴涨。

这是你的主观意愿，客观的市场是不一样的，自己要冷静地想一想，空仓的时候会怎么做？是否还会去买它？如果买了它，那就不要动；如果什么也不想买，那就卖掉；如果还想买其他的个股，那就换股票。

（三）买股思路

当机会来临时，买入股票；当市场或者板块有赚钱效应时，买入股票；当板块连续下跌一段时间后，突然某一天集体大跌，这是最后的杀跌，这时通常是左侧买股的机会。

1. 强势阶段，买强势股

市场处在强势阶段会不断吸引资金进场，赚钱效应得到发酵，不断地吸引短线风险偏好非常高的资金进场，它们喜欢做的就是强势股，第一眼看到的就是强势股，所以强者恒强，强势阶段做强势股。

2. 弱势阶段，低吸低位没启动的个股

市场行情非常难做时，不要做强势股，强势股是第一个跌下来的，这时候要做低位刚启动的个股，以低吸为主。

因为市场亏钱效应的扩散，会导致恐慌盘不断宣泄，很多股票在不断杀跌，某些股票杀得非常狠，把卖盘杀没了，那么宣泄殆尽之后，只要少量的买盘就可以推动上涨，股价就会反弹，所以要低吸。

买股思路是板块或市场有赚钱效应时买入股票，强势阶段买强势股，弱势阶段以低吸为主。

（四）卖股思路

（1）市场或板块有亏钱效应时，卖出股票。

（2）市场不成熟或者市场对自己不利时，卖出股票规避风险。

（3）板块连续上涨一段时间后，某一天突然集体涨停，则容易出现"毕业照"。比如有些板块每天小涨一点，突然某一天大涨，配合着出现板块利好消息，那就是"毕业照"。

五、控制回撤

我们刚才讲了超短操作的基本要求——大局观决定入场时机、拥有一个完善的交易系统、控制好仓位、如何买卖股票，下面讲买入股票后如何控制回撤。

超短高手与普通选手的区别：

（1）热点消退，资金退出的下跌阶段，超短高手能很好地控制回撤。

赚钱的时候都能赚，甚至水平不是特别高的选手比超短高手赚得更多，但是在亏钱的时候区别就出来了，高手在亏钱的时候回撤非常小，普通选手亏钱的时候会亏得更多。

高手是上涨赚钱—小回撤—再上涨赚钱，越来越高。

普通选手是上涨赚钱—回撤到底—再赚钱—再回撤到底—再亏钱，越亏越多，趋势向下。

（2）短线高手几乎不会出现季度性亏损，亏损很少且只有一些小回撤。如果你想持续稳定盈利，第一步要做到拒绝亏损、减少亏损。

控制回撤，最重要的就是回避系统性崩盘风险。事实上，绝大多数崩盘都有前兆，我们可以从赚钱效应和亏钱效应的演变过程进行推断，要学会主动放弃一些不明朗的信号。

比如，你在外面玩，感觉天气变阴要下雨，你可以先回家，不用等着看会不会下雨，不要贪玩，天气好了再出来，就是这么简单。

在股市中也是如此，如果你感觉市场情绪不对劲，行情不好，完全可以休息观望，没必要等到风险真的来了再休息，有可能来不及退出。

所以当风险来临之前完全可以提前一步空仓观望，不要想着每天做股票，多休息，有利于后面赚得更多，该休息的时候就要休息，甚至要多休息。会空仓的是祖师爷，超短高手比普通选手擅长的就是空仓。

六、超短心法的五句金言

（1）高手买入龙头，超级高手卖出龙头。你看到机会的时候，更高的选手看到的是风险，后者提前卖出，空仓休息。休息不亏钱，不做不亏钱，做错了才会亏钱，少赚点没关系，慢慢赚就好。

（2）别人贪婪时我更贪婪，别人恐慌时我更恐慌。这与巴菲特讲的不一样，巴菲特说："别人贪婪我恐慌，别人恐慌我贪婪。"他做的是价值投资，超短与价值投资完全是两码事。

超短是别人抓涨停板的时候我们要<u>更贪婪</u>，抓龙头涨停板，做最强的涨停板。

别人恐慌我<u>更恐慌</u>，是在市场出现亏钱效应的时候，不要去左侧抄底，<u>要休息观望</u>，这与巴菲特不一样，巴菲特价值投资是抄底的左侧交易，在低估值的时候去买。

我们做超短时，在市场出现亏钱效应的时候只做一件事，就是<u>休息观望</u>。所以别人恐慌时我们要更恐慌，直到下一次贪婪行情来了再去做。

（3）敢于在大盘低位空仓，敢于在大盘高位满仓。要做到心中无顶底，操作看心情。不要去看大盘的高低，要看市场的情绪、赚钱效应、大局观，**大局观才是我们指导操作的核心**。

（4）永远不止损，永远不止盈，只有进场、出局。买入机会、卖出不确定，出局就是出局，不管<u>止盈止损</u>。

比如你买了一只股票后感觉不对劲就止损了，或者买了股票涨了一点就<u>止盈</u>，超短线选手没有<u>止盈止损</u>的概念。

当你买入股票后<u>走势正常</u>，没有出现风险或转折信号<u>就继续拿着</u>；当你买入股票后赚钱了，但是只要情绪发生了转折就要立马卖，不要想再等等，看跌下来之后怎么办。

买入的一定是机会，卖出的一定是风险，而不是<u>止盈止损</u>。

（5）得散户心者得天下。当你做主流题材的时候，你会发现行情非常好，怎么做都赚钱，因为散户都在这里，资金也在这里。如果你选的股票，逻辑能够得到市场上大部分人的认可，那你做的就是主流题材，更有甚者得到整个市场的认可，那你做的就是龙头股。

所以你的逻辑思想能不能契合所有人或散户的主流思想非常重要，如果你能抓住散户的心，你买股票的时候散户就会跟风而入，你随时买随时涨。

七、给新手的一些劝告

对于新手而言，股票交易没有捷径，只有经历过才能理解，至少完整地经历过一轮牛、熊市，两轮以上更好，然后归纳总结方法。

（一）个股方面

不要只看自己买的股票，要观察各板块走势，重点关注各个周期的领涨和领跌的个股。

跳出自己的股票去看整个市场、整个板块，不要只盯着自己的自选股，否则视野就会有局限。从整个大局观去看股票、板块、个股，才能看得更清楚，为什么今天涨、为什么今天跌，要跳出来才能看得更明白。

（二）对于操作

不要一味地追求个别技术指标，或者短期的所谓资金流进流出、主力庄家等，要多看大局观，要从整个市场的高度来做决定。

大局观就是从大到小，大首先影响中间的板块，其次影响个股。它有一个逻辑链，不要只盯着个股的指标，这样就有局限性，看不懂也看不清楚。"不识庐山真面目，只缘身在此山中"，只盯着自己的股票是看不出什么行情的。

（三）对于大盘

不要过多地依赖于点数预测、顶部和底部的位置等，要多关注哪些板块在涨，哪些板块在跌，谁是主流题材，谁是龙头股，那些先前涨的或者跌的后来又是怎样的走势。

除非牛市或熊市注重大盘，牛市来了都在涨，熊市的时候都在跌，其余时间大部分行情都是小涨小跌或者震荡，但这不影响超短交易，该有题材照样有，该有机会照样会有。

（四）大局观是一种感觉

大家有时候或许不明白，但是尽量多尝试让自己站在更高的角度来看待整个市场，一旦明白了，将受益无穷。

从更高的角度去看待市场，不要一直在低位站不起来，大部分散户要么盯着自己的股票，要么盯着自己的指标，或者盯着几个小道消息，其实都没有跳出来，只有跳出来之后才能看到整片天空，看到整个市场。

小结： 超短心法说简单也简单，说难也比较难，主要就是希望大家进一步去体会。

这个超短心法大部分游资都在用，这些股民经历过牛、熊市，也经历过市场的大起大落，他们专职炒股，有过资金的大幅亏损，面临着辞职的压力，账户一直亏损时还面临着生活的压力，但最后能够走出来，会有很多感悟。

这套心法适合很多新手，适合在股市里面亏钱但找不到方向的朋友，多研读一遍，想一想一个正确的投资者应该具备哪些要求，比如要有一个好的心态、从大局观出发、有一个完善的交易系统、掌握简单的操作方法。

对照自己看哪一方面有欠缺，如果没有一个好的心态就赶快去改变，没能看懂市场的大局观就要多观察，没有交易系统的就赶快去完善自己的交易系统，还要看有没有匹配交易系统的操作方法，另外要看有没有控制回撤。

如果这几点你能做到，那么你在超短交易上会越走越正，路不会走歪；但如果你一个都没有，虽然你很努力，每天看书参加培训班，看很多股票的资料，结果却会越做越亏钱，因为方向错了，这时候你可以看看游资大佬是怎么操盘的，一定会对你有很大的帮助。

第十一课　情绪周期

首先来介绍一下股市的由来，股票市场起源于 1602 年荷兰人在阿姆斯特河大桥上进行荷属东印度公司股票的买卖，而正规的股票市场最早出现在美国。股票市场是投机者和投资者最活跃的地方，是一个国家经济的寒暑表。股市唯一不变的就是"时刻都在变化"，所以想要在这样的市场环境中生存并且赚到钱，必须先搞清楚股市背后的大环境。

股市交易的本质是人在操作，而人的情感会随着时间的变化呈现周期性的变化，准确地控制着人的感情、欲望和情绪的变化，反映到股市上，就会出现涨跌起伏，我们只有拿准时间节点，顺势而为把握好股市的脉搏，掌握好这个情绪周期，才可以生存下来并赚取到钱。

今天我们来介绍什么是情绪周期，以及如何把握情绪周期找准市场节奏，纵横股市。情绪周期将贯穿整个股市行情，所以非常重要，大家要仔细研究、吃透并熟练地运用。

一、情绪的定义

（一）交易者

我们在股市做交易，一定要明白一个道理，市场交易的主体是交易者，是一个个鲜活的个体，每一笔交易的背后都是千千万万的交易参与者，而交易所表现出来的涨跌波动就是人性贪婪与恐惧的展现。

（二）情绪的产生

有买股票赚了钱的，也有亏了钱的；赚了钱的想赚更多，亏了钱的想马上出来；赚了钱高兴，亏了钱难受，这就是我们常说的在股市中会影响股价波动的情绪。赚钱与亏钱必然会影响每一个人的情绪，盈亏的结果会对情绪产生影响。

我们每天面对市场，没有人能够完全做到心如止水，达到"心中无顶底，手中无持仓"的境界，这种情绪的波动对所有人都是平等的。

（三）情绪与市场的关系

每一个人都有情绪，从而造就了市场波动的情绪，市场波动的背后就是每一个人的思维活动，所以这种情绪必然会使市场出现规律性的运动，而这个运动就好比一年有四季——春、夏、秋、冬，循环往复。

需要注意：投资者只要能把握情绪规律，就能看懂市场波动，因为市场的波动就是情绪波动。

（四）股市中的情绪

情绪就是买方和卖方的强弱博弈，根据周边环境或题材变化，从而引起成交量的变化。

比如股价涨到某一阶段，接力意愿很强，说明情绪好，买的人愿意追高去买，卖盘自然也不想卖出，所以这里赚钱效应很好，操作很安全。而当周边环境出现重大利空，或者龙头处于高位时，获利盘积累导致卖出意愿强烈，而接力可能被砸导致买盘减少，那么卖方更强，情绪自然就差。

小结：我们在买卖股票的时候，不仅要关注情绪周期的位置，更要明白某一天或某一阶段情绪的好坏。比如情绪氛围好，我们可以追涨或者打板；如果情绪氛围很差，就要空仓或者等换手站稳后再去买入，不然会踏错节奏，得不偿失。所以一定要注意市场中的情绪周期，踏错了节奏那就非常难做。

二、周期分类

（一）指数周期

这里涉及宏观分析与技术分析，需要一定的功底对指数走势作出判断，我们这里先不展开论述，做短线的话有其他方法。那么做短线，如何判断大涨大跌呢？

我们把指数分成三个阶段（上涨阶段、下跌阶段、横盘阶段）就可以，不一定非要去研究明天涨跌多少个点，后天涨几个点，这些数据可以参考，但是意义不大，除非暴涨暴跌才有参考价值。

从理论上来讲，不管是上涨阶段还是下跌阶段，都是由重大利好或者重大利空所导致的，如果没有重大利好或重大利空，就可能处于横盘阶段，也就是混沌期。

根据指数所处的不同阶段，采取的应对措施也不一样：

上涨阶段：积极做多，参与市场的主线题材，超短线赚钱效应更高。

震荡期：操作更加注重个股，由于不是全面普涨行情，去弱留强，关注板块人气龙头。

下跌阶段：注意控制仓位，回避风险调整。

小结：正常情况下，我们在市场中买卖股票，什么时候进场看的是指数周期，指数周期不好我们不进场，因为没有一个让我们赚钱的大环境，虽然赚钱不是靠环境是靠细节，但环境也很有用，会让我们更好地赚钱。

（二）大周期

不管主板还是创业板，目前市场还是以总龙头、周期龙头、板块龙头的方式延续运作。

理论上讲，情绪周期就是在某一个时间阶段内，情绪和成交量维持高涨还是低下的表现，从而导致赚钱效应维持或者退潮。

具体对情绪周期的理解，就是以总龙头和周期龙头作为参照，市场核心资金的接力意愿和情绪基本代表了整个市场情绪周期和接力意愿的好坏。

市场资金总是借助一个又一个新题材，打造一只又一只的龙头，来带领和维持市场与板块的情绪和赚钱周期，所以它们的表现将定义一个赚亏周期的开始与结束。

正常情况下，我们在市场中做交易一定要注意的就是大周期，在大周期里以总龙头和情绪龙头为标准，当一只龙头倒下，我们需要关注情绪和成交量是否很好、有没有新的补涨龙出来接力，如果有就补涨龙，赚钱效应就会维持，情绪周期延续，否则行情就会逆转。

（三）热点周期（小周期）

热点周期其实就是热点板块的赚亏周期，一般都是指赚钱周期，当一个热点板块出现时，肯定是有板块龙头产生的，如果没有板块龙头，那一定不是热点周期，但它一定是退潮期。

需要注意：板块是否有持续的赚钱效应，首先看前面的大周期，看总龙头和周期龙头是否继续强势，如果它们的走势变弱，理论上板块龙头肯定先挂掉，板块自然也就完蛋了，或者高度空间板会被压制。

所以我们发现，当市场处于退潮期时，行情不景气的时候，同样有热点板块及涨停板出现，但是它的高度打不开，一直被压制在2~3板，直到新周期开始，这时的板块龙头才可能打到6~10板的高度。

退潮期如果出现超级题材，赚钱效应肯定会被扭转，可能出现新龙头，但一般的新题材出现在退潮期，高开被砸很正常，市场普遍接力氛围比较差，这就是为什么有些人觉得明明是利好，还是被砸的原因。所以顺势而为，不能盲目去接力，要清晰地认识市场当前处于哪个阶段。

（四）时间周期

时间周期也是很重要的一个因素，是约定俗成的一些规律，比如每年的业绩披露期，每个时间节点都会炒业绩股。

周五或者重大节日的前几个交易日，资金都会出来，重新布局，往往节后有一波行情，这里要注意出现龙头股的可能。

还有每年年底"炒摘帽"，每年炒一些大消费，炒绩优股、绩差股等。

（五）情绪周期

情绪周期是指市场在某个时间阶段内运行的轨迹，反馈出的情绪波动形成有规律性的周期。

情绪周期分为五个阶段：**混沌期、分歧接力期、高潮期、分化震荡期、**

退潮期。图 58 为示例。

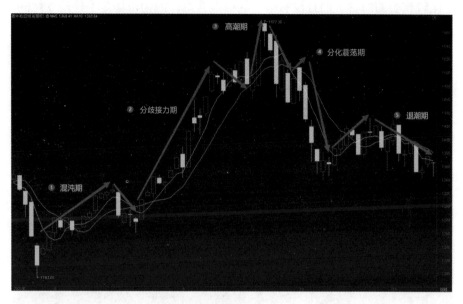

图 58

每个周期节点对应的各种主流操盘模式的变化是超短真正意义的<u>主导核心</u>。

潜在的情绪变化是<u>意识形态</u>，并不是看得见摸得着的东西。每个<u>周期节点</u>，**标的强弱变化及其互相影响的结果**呈现出的就是<u>市场情绪的反馈</u>，以及整个情绪周期从<u>起始到结束</u>的过程，这种情绪变化周而复始，有迹可循。

根据情绪周期内各个标的变化，来判断**市场处于哪个阶段**，运用当下的交易策略来应对盘面。不同标的、时间级别，各自产生的周期又相互影响，但是又不会简单地重合。

在同一阶段内，不同个股在不同环境下的情绪也有所差别，大盘氛围、主线题材、核心龙头个股之间相互影响，主次之间的矛盾与竞争关系都是情绪大周期下的分支，充分理解这种相互影响的关系往往是比较困难的。

在比较复杂的关系中判断不同标的之间<u>相互影响的程度</u>、哪个会占据市场的主导地位、哪个会被牵制、主动被动之间的关系、强弱变化，这些是比较核心的内容，而且没有唯一的标准答案，因为市场是不停地变化的，我们要去感受情绪周期之间的变化及与其相对的应对方式。

情绪周期分为五个阶段及对应的主流模式，每个阶段有它自身的特点，各周期的特点和应对方式不同。

图 59 是碳中和刚起来时的一波行情。一个题材要起来会经历 5 个阶段，是一个完整的周期，阶段 ❺ 结束之后又回到了阶段 ❶。

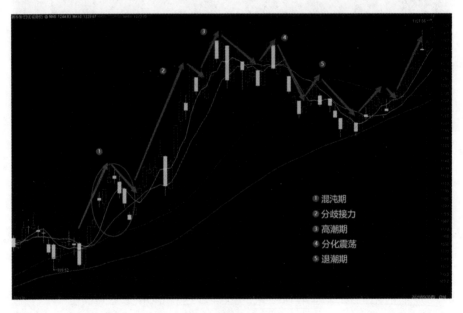

① 混沌期
② 分歧接力
③ 高潮期
④ 分化震荡
⑤ 退潮期

图 59

（一）混沌期

特点：这个阶段的表现就是市场的连板高度打不开，一直在某一个瓶颈处徘徊不前，资金只能试盘，尝试引导新周期机会，每天一个或几个题材小规模走强，但次日无持续性，低位板无明显接力，轮动的节奏比较快。

应对方式：此时应该谨慎无脑接力，以轻仓试错首板为主，保持手感，因为市场人气低迷，打板很难有较高溢价，这个时期无明显赚钱效应，不要考虑谁是龙头，不做太激进的操作，只要把前排后排分清楚就好，属于试错阶段，以等待机会为主。

（二）分歧接力期

特点： 市场从混沌期进入第二阶段，市场氛围和人气逐渐恢复，低位板向上进阶，2板进3板，3板进4板，打破混沌期的瓶颈，不断突破高度，带头引导板块及市场打造出新的空间板，有了高度就会聚集市场人气。之前高度的强势板转弱后，此时会弱转强，活跃的资金分散到整个新周期的题材里面。

应对方式： 适合低吸前排分歧机会或打板确认强度，往往以弱转强换手板为主，活跃资金从比较分散到逐渐一致，资金进攻性增强，连板率、溢价都会有所提升。

从而出现一个新周期的龙头，试错之后出来的新龙头，不一定是老龙头，但一定会有一个龙头带这个节奏。这个节点要积极试错新周期龙头，因为情绪转折点的赚钱效应会更加明显，新的龙头都是从2板、3板启动的，多关注强势的换手2板、3板个股，有很大机会抓到新周期龙头。

（三）高潮期

特点： 市场的总龙头一定已经产生了，高度空间继续被打开，而且整个题材内涨停板数量大增，混沌期有1~2只涨停，分歧接力期有3~4只涨停，高潮期则更多，甚至有的大题材10~20只涨停，你在这样的题材里做股票，怎么做都不会亏钱，只是赚多赚少的问题。

前排龙头带来了超高溢价，会有开盘秒板、换手T字板、最强一字板等强势表现，带动产生后排补涨效应，资金疯狂抢筹，情绪一度达到高潮。

应对方式： 这个阶段情绪和指数共振走出上升周期，市场赚钱效应比较明显，盈亏比很划算，超短的核心主导思想进一步加强，此时就应该重仓出击，激进选手可以介入人气最高的强势股。

这个阶段也是短线的暴力阶段，容错率高，不管是采用低吸、半路，还是打板模式，此时都是最具有赚钱效应的时期。

（四）分化震荡期

特点：市场情绪高潮过后，其间会有高标率先出现炸板现象或天地板负面反馈，这种负面反馈会击鼓传花，高标个股进一步分化震荡，直到市场总龙头断板后以双顶为见顶信号，整个题材开始回调，碰到这样的见顶信号就马上出局或换一个题材。

超短情绪的大周期开始进入转弱阶段，此时有些资金尝试性地投机，挖掘低位补涨股，但低位补涨股上涨动力不足，涨 1~2 天就没有了，补涨龙头不能超越总龙头，市场高度空间开始压缩，情绪动荡明显。

应对方式：这个阶段的市场高标强势股动能衰减，场内筹码松动，已经不适合去做高位接力，超级高手要卖出龙头，此时尽量控制好仓位，注意高低切换，能不做就不做。

三、退潮期

特点：市场高标大幅补跌，亏钱效应进一步加剧，跌停个股明显增加，情绪恐慌大幅杀跌，操作难度极大，市场情绪达到冰点。

应对方式：这个阶段整个题材都没有了，最好的操作就是空仓，不要做 T、补仓、加仓，盲目操作会非常难，等待市场高标补跌完成，市场重新进入新的周期，再回到混沌期做试错。

四、情绪转折判定

（1）**市场最高连板股代表市场高度，也是判断情绪转折的重要标志。**

高度龙一路推进，市场赚钱效应持续，情绪处于升温和高潮期。

当市场无最新热点时，市场高度总龙头大跌或跌停，这是市场情绪退潮的起点，其余板块龙头跟着补跌，以所有最热板块的龙头补跌完为情绪冰点。

（2）牛市时很难有连续跌停，一般最高龙头跌停后第二天下午就是情绪转折日。

其余市场，需要最热点的几个板块龙头全部补跌后，并且大盘反弹日才可能出现情绪转折。情绪转折日，市场高度龙最容易反包涨停。

（3）情绪是推进模式的催化剂，每个周期节点对应的各种主流的模式变化是超短真正意义的主导核心。

在各个阶段考虑风险与盈亏比例，仓位大小是随情绪的变化而增减的。不断提升对盘面的理解能力、及时纠错能力、各个方面的综合素质，从内到外做到知行合一。

随着科创板、创业板注册制推出后，市场的风格会发生变化，更加注重于个股本身的优质性和稀缺性，挖掘更深层次的逻辑、博弈市场预期差。

主板这边仍可适用于主流模式，不管模式怎么变化，市场与人性是不会改变的，而情绪周期是行情各个阶段的引领者。

五、情绪周期的看法

（一）总龙头

只要行情够大且有延续性，就会有总龙头，其一定会贯穿整波行情。这样的总龙头不是一定会有，关键看整个行情够不够大，在某些小题材中，某一只股票基本不可能是总龙头。

（二）周期龙头

一般来讲，市场核心资金的接力意愿和情绪，会打造一只又一只龙头出来，维持和带领市场及板块的情绪与赚钱周期，带着整个市场去赚钱。

我们可以把市场的周期龙头看成一个风向标，它的表现会直接定义一个赚钱周期的开始和结束，周期开始龙头产生，周期结束龙头消失。

如果一个题材的总龙头还在涨，但周期龙头挂了，这时候不是题材的延续性没有了，而是有可能到了下一个阶段，这时候要关注市场的情绪和成交量是否可以，如果可以，看有没有新的补涨龙头出来接力，如果有补涨龙头，那么赚钱效应就会接力，否则大跌就要来临了。

案例一 （603126 中材节能）

图 60 是前期碳中和行情中的第一只龙头——中材节能。刚开始的周期龙头是中材节能，它 3 月 9 日断板，周期龙头断板的时候，你要观察在整个行情当中，是否有第二只龙头产生。

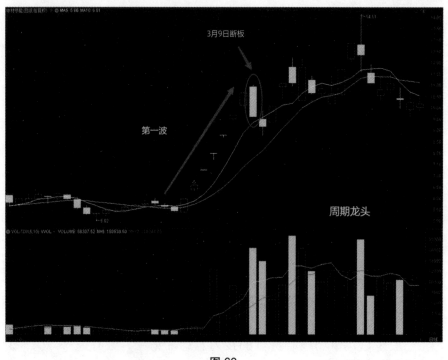

图 60

案例二 （600744 华银电力）

中材节能 3 月 9 日断板后，华银电力开始走连板，3 月 17 日断板，此时观察有没有新的补涨龙头出来（见图 61）。

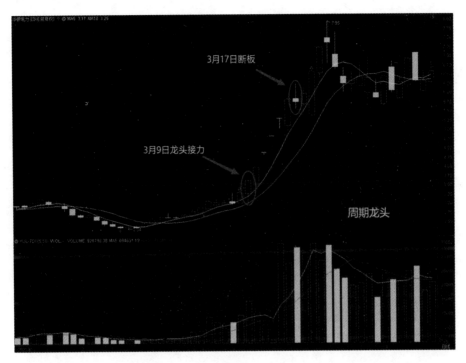

图 61

案例三　（000966 长源电力）

3 月 17 日碳中和板块高位调整，长源电力 3 月 18 日开始接力走连板，此时碳中和板块在 3 月 24 日出现高点，之后走势向下，长源电力 3 月 25 日断板，又有一个接力龙头出现（见图 62）。

案例四　（003039 顺控发展）

3 月 16 日第一次给介入机会，3 月 24 日依然给介入机会，并且带了最后一波行情（见图 63）。周期龙头在每一次产生分歧的时候，都会有一个前龙头结束的过程，这时一定要观察题材内有没有新的个股成为周期龙头。

我们观察这波碳中和行情，中材节能挂掉，华银电力接力；华银电力挂掉，长源电力接力；之后到顺控发展接力，整波碳中和行情到了最后依然有一个接力的过程，板块龙头会不断地产生，这就是情绪周期在实战中

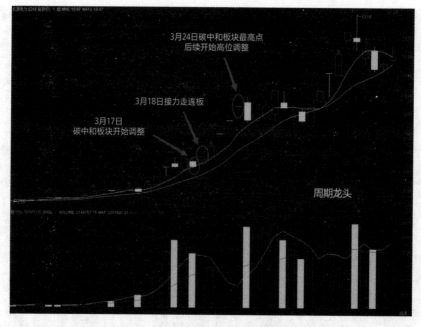

图 62

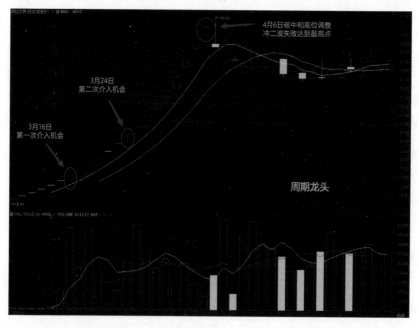

图 63

的一个用法，而把握住这样一个用法，你会发现，在整波行情中可能会有一定问题，但你在整个节点上会把握得非常好，你有可能抓不到周期龙头，但是你可以把它当成风向标，将其当风向标来看才是我们最核心的用法。

小结： 正常情况下，题材炒作一定会形成情绪周期，只要把情绪周期研究好，我们会发现整波行情一目了然，先做什么再做什么，龙头接力井然有序。甚至做失误了抓不到龙头，也不用担心，还可以做跟风，这也是不错的选择，会有一个风向标带领着我们去赚钱，我们可以知道进场的时机，到了退潮期可以迅速地离场，这就是我们研究情绪周期的意义。

第十二课 集合竞价——锁定强势股

　　证券市场是经济的前沿阵地，市场的涨跌表现出社会的状况。在股票飞速上涨的大牛市中，物价会上涨，通货膨胀会出现，主要是因为牛市带来了很多利润，消费也就开始增加。当股票市场连续熊市时，国家往往采取紧缩政策，每次大的波动都反映了管理层的意愿和市场的规律。

　　虽然不是每个人都可以成为天才投资家，但是，每个人都可以成为成功赚钱且丰衣足食的职业投资人。只有不断地增长自己的知识，才可以让自己的思路更加开阔；只有拥有全面的分析和详细的计划加上大量的行动，才可以实现梦想。

　　集合竞价对于短线投资者来说是非常重要的，通过集合竞价选出当天的强势股票、选出低开高走甚至涨停的个股。

　　我们在市场中做交易，对于集合竞价应该非常重视，尤其是做短线，需要了解当天的开盘情况、上涨板块、之前的强势股在今天的表现，但最重要的还是开盘前的集合竞价。

一、集合竞价的定义

　　2006年7月1日，深沪证券交易所实施开放式集合竞价。在集合竞价期间，实时揭示集合竞价参考价格。

　　集合竞价是指在当天还没有开盘之前，可根据前一天的收盘价和对当日股市的预测来输入股票价格，在集合竞价时间里输入计算机主机的所有下单，按照价格优先和时间优先的原则计算出最大成交量的价格，这个价格就是集合竞价的成交价格，而这个过程被称为集合竞价。

二、集合竞价的规则

沪深交易所市场交易时间为周一至周五。

上午为前市，9：15~9：25为开盘集合竞价时间，9：30~11：30为连续竞价时间。

下午为后市，13：00~14：57为连续竞价时间，14：57~15：00为收盘集合竞价时间。

周六、周日和沪深交易所公告的休市日，市场休市。

我们需要了解几个重要时间节点：

（1）9：15之前。你下的单子在券商服务器排队，并没有到交易所排队。

（2）9：15~9：20。9：15的时候券商的所有单子集中开闸，此时在上交所或深交所排队，然后在这个阶段进行价格撮合。这个阶段可以撤单。

比如你凌晨1点下的单子，9：15之前在券商排队，9：15~9：20在交易所排队，此时如果你不想买这只股票就可以撤单。还可以通过这个时间段去试盘，测试一下拉升的压力或跟风盘的情况。

（3）9：20~9：25。这个时间段只能下单不能撤单，所以这个时候下的单子都是真实有效的，最终会在9：25撮合成最终的开盘价。

撮合竞价仍然是按照价格优先、时间优先的原则确定。

（4）9：25~9：30。这个时间可以下单，但是不会做处理，没有交易，这些单子都会在9：30的时候一次性处理。

（5）9：30~14：57。这段时间为连续竞价阶段。

（6）14：57~15：00。这段时间为收盘前最后3分钟集合竞价，可以申报，但不能撤单。

以上就是集合竞价的时间规则，因为今天的内容是集合竞价期间如何选股，所以我们重点关注的是9：30之前的这段时间，也就是9：15~9：

30，这 15 分钟是我们集合竞价选股最黄金的时间段。

三、集合竞价图形的含义

上面介绍了竞价的定义与规则，我们要学会快速看懂集合竞价，并熟练把握其中蕴含的投资机会，同时我们还要会看竞价的走势图。那么集合竞价图如何去看？有什么具体的意义呢？我们通过例子来说明。

案例一 （002253 川大智胜）

图 64 为收盘后截取的分时图。

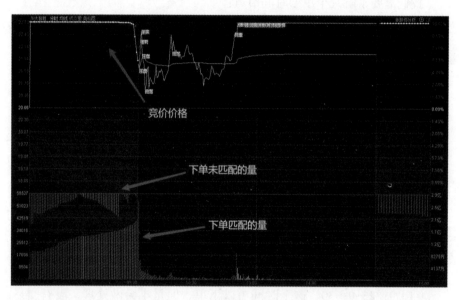

图 64

在集合竞价区域上方，一个圆点代表一个价格，圆点密集或连成一条线时，资金关注度高。

下方是成交量，下方顶部是下单未匹配的量，比如你想以涨停价去买这只股票，但是没有人愿意卖，所以你下单后显示未匹配。

如果有人愿意以更低的价格去卖，你愿意买，就显示为匹配的量，开盘后可以直接成交。

四、集合竞价的买点

（一）宏观角度

对于大盘、板块、个股的预期，说到底就是通过集合竞价对预期差进行一个判断。

如果集合竞价由弱变强，则需要重点关注；如果集合竞价由强转弱，则应该规避。

集合竞价的预期主要分为以下几种情形：

1. 市场炒作初期

当前市场没有明显主流题材，赚钱效应不明显，板块还未形成，尤其是炒作的初期阶段，卡位竞价良好的个股，预期转强，就值得关注，其实这就是集合竞价异动股。

2. 板块内部结构性走强

当板块已经形成，龙头正常享受溢价，观察昨日板块的龙二和竞价最为良好的补涨股。集合竞价阶段，龙头股和跟风股的竞价都非常好，说明内部协同性高，会出现高开，这种高开属于正常情形，没有预期差。看盘中板块的协同作战能否将股价推向更高潮，要重点关注龙头股。

3. 主流板块内部分歧

主流板块昨天很强势，但是今天在集合竞价阶段出现内部分化，龙头股不及预期或者跟风股不及预期，此时在新题材中，如果有个股在集合竞价阶段量价都很强势，大概率会是卡位龙头，所以这类集合竞价同样要留意。

同时，热点板块已经形成，但是内部个股没有享受溢价，这种属于由强转弱，注意规避板块风险。集合竞价还应该对比昨日盘面情况，尤其是涨停板的个股，重点关注两个方面：

（1）若昨天是烂板，今天不低开反而高开，往往是由弱转强，需要重点关注。

（2）集合竞价的量能最好是前一日10%的承接量，这样的承接会更强，成功率更高，再结合开盘5分钟内分时，大概率能确定是否要抛弃或者介入板块和个股。

（二）微观角度

上面从宏观的角度出发，结合热点板块周期性规律，综合分析了集合竞价的切入点，找准了大方向。但是具体反映到集合竞价走势图上，该如何把握买入时机呢？通过以往的实战，我们总结了非常典型的集合竞价走势图，让大家一目了然。

曲线形态：集合竞价阶段，量价均衡抬升，资金积极抢筹的个股，要重点关注，然后要看竞价分时图的曲线，有些个股是低开，但是分时图最后几分钟的趋势是往上的，比如某一只股票，集合竞价开始平开，然后大跌，后来放量拉起来，最后阶段缓慢爬升，直至平开收盘。集合竞价的量能也是非常关键。

集合竞价的典型三种战法：

1. 量价齐升

案例二 （603501 韦尔股份）

图65中，最后几分钟趋势是往上的，成交量也随之放大，这就属于量价齐升。集合竞价阶段，量价齐升，资金积极抢筹的个股，要重点关注。

有人愿意买，也有人愿意卖，说明股票比较活跃，成交量推动价格上涨，实现量价齐升。一只股票如果在底部出现放量，之后价格也上涨，就会走出底部的上涨趋势，整体趋势就会发生改变。

量价齐升属于资金积极抢筹，价格上涨带动成交量上涨，成交量增加又带动价格上涨，进而变成了一个多方趋势，要重点关注。开盘之后就是一个很好的买点，大部分资金推动着价格往上涨，量价齐升，股价开盘就一路上涨。

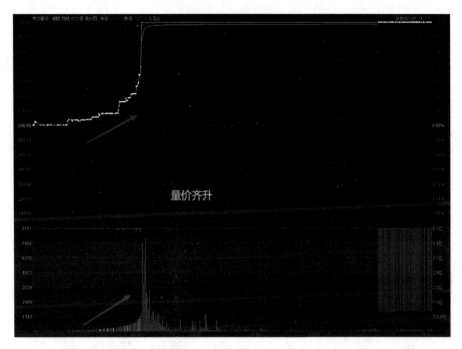

图65

2. 集合竞价弱转强

常见的<u>弱转强</u>，是指前一天的勉强封板，次日异常强势，并最终封死涨停板。这实际上就是一种<u>超预期</u>，是情绪上的弱转强。

大家都知道尾盘封板比较弱，通常次日都要低开下杀，结果次日大涨，这种超预期会引来<u>短线资金追捧</u>，进而容易出现弱转强走势。

需要注意：次日拉板的时间一定要早，最好在早盘<u>10点之前</u>封板。至于其他的封板，要么时间比较晚，要么是震荡后封板的分时走势，都不是严格意义上的弱转强。弱转强的弱是一种情绪上的弱，常见的形式是烂板，也可以是没有跟风股助攻等，是在预期上的弱势。此处举例来说明。

案例三　（002951 金时科技）

图 66 中，前一天股价走势偏弱，走了一个烂板，烂板第二天容易炸板或低开比较符合预期，结果第二天高开超预期，走出了弱转强。

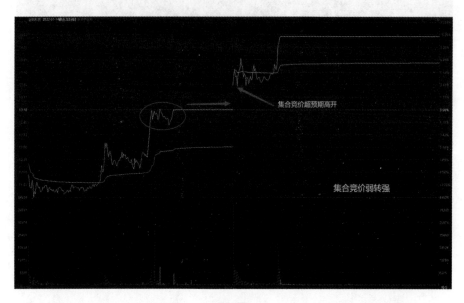

图 66

其实市场资金最喜欢的并不是一直表现很好的个股，而是喜欢具有成长性的个股。比如，你每次考试都是 90 分，资金不一定喜欢这样的好学生；另外一个学生，考试一直不及格，突然有一天考了 60 分，及格了，资金最喜欢这样有阶梯形上涨的股票。本来预期比较低，以为要低开，现在超预期高开更加强势，这就是弱转强。

3. 集合竞价爆量

案例四　（002150 通润装备）

集合竞价爆量有两个核心点，一旦出现就可以在集合竞价阶段直接以涨停价买入。

强势股：一般来说都是前一日涨停过，或者调整过好几天，是前几个交易日的强势龙头股。

集合竞价的爆量：通常是前一个交易日成交量持平或30%以上，集合竞价爆量几乎是百分之百的成功率（见图67）。

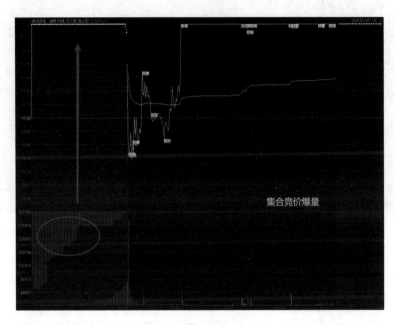

图 67

五、集合竞价选股步骤

（一）量比排序

打开炒股软件市场行情排序（见图68），点击量比，将市场上所有股票按量比进行排序，找出量比大于5的个股。

量比大于5说明成交量是放量，需要重点关注；小于1说明成交量是缩量，参与意义不大。集合竞价爆量关注的就是量比大于5的个股。

量比大于5的个股在集合竞价时会有几百只，我们继续进行下一步。

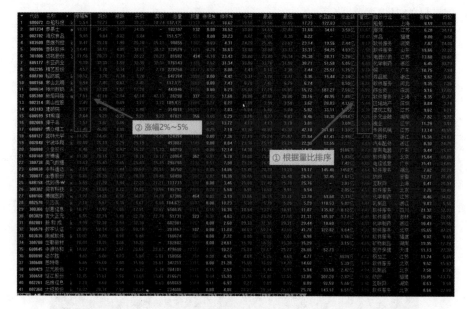

图 68

（二）涨幅排序

点击涨幅排序，选择涨幅在 2%~5% 的个股；涨幅过大的话，上涨空间有限，收益比较少。涨停板追进去，第二天如果不高开就会存在风险。

此时筛选出来符合条件的股票数量已经非常少了，剔除 ST、业绩亏损的股票、下跌的绿盘股票，筛选下来差不多仅有 10 几只股票，但也不可能全部买进，还有非常重要的一步。

（三）聪明的资金入场

案例五 （002047 宝鹰股份）

如图 69 所示，股价由于利空开始走下降通道，之后横盘一段时间，11月 11 日出现一根放量大阳线，趋势发生改变，对比以往的成交量发现其明显放大，此时我们开始关注它。11 月 12 日集合竞价涨幅在 2%~5%，我们把它选出来。最关键的一点，前两天放量买进去的资金，今天集合竞价就

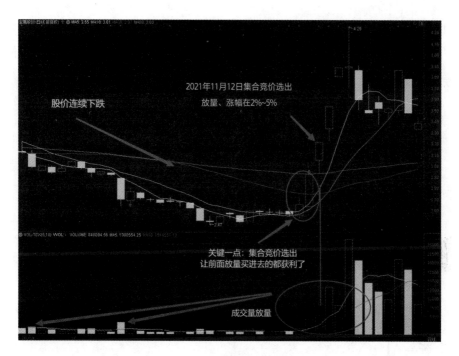

2021年11月12日集合竞价选出

放量、涨幅在2%~5%

股价连续下跌

关键一点：集合竞价选出

让前面放量买进去的都获利了

成交量放量

图 69

让这些资金都获利了。

在市场中，如果你前期买了这只股票，第二天 11 月 12 日一开盘就已经获利了，获利就证明你赚了钱，市场上能赚钱的资金我们称之为"聪明的资金"。所以这只股票在集合竞价阶段、开盘的时候，我们通过分时图走势就可以判断，"聪明的资金"之前已经进场了。

股票市场瞬息万变，股价的走势也不是某个人画的，它不依据个人的意志所转移。在这个繁杂的市场当中，想要持续盈利，就必须跟着胜利的一方去买卖股票，远离失败者，只有这样，我们才能立于不败之地。

这只股票是我们在量比大于 5、涨幅 2%~5% 的条件下选出来的，有"聪明的资金"进场，我们就可以非常舒服地介入这只股票了。

小结： 笔者在操盘过程中，经常通过做集合竞价筛选股票，一般在 9：25 撮合成交之后，开始点击量比进行排序，按照刚才的规则选出来的个股差不多只有 2~3 只，从中挑选出 1 只符合集合竞价爆量的个股，就可以轻仓去介入，这只个股在开盘后的 15 分钟内涨停的概率非常高。下一节课我们会详细介绍集合竞价买入技巧，进一步把我们的战法升级。

第十三课　集合竞价——入场时机

2013 年 12 月 13 日，深圳证券交易所发布了《关于首次公开发行股票上市首日盘中临时停牌制度等事项的通知》，对新股的集合竞价作了新规定："一、股票上市首日开盘集合竞价的有效竞价范围为发行价的 20% 上下。开盘价不能通过集合竞价产生的，以连续竞价第一笔成交价作为开盘价。"

沪深两市每天的开盘价在技术分析上具有重要的意义，目前世界各国股市市场均采用集合竞价的方式来确定开盘价，因为这样可以在一定程度上防止人为操纵现象的产生。

收盘不再实行集合竞价，新股上市首日 14：57~15：00 取消原有收盘集合竞价，采用收盘集合定价，即对集中申报簿中，以最近成交价为申报价格的买卖申报进行一次性集中撮合，其间投资者可以申报，也可以撤销申报。即新股收盘期间，交易主机仅接受申报价格为最近成交价定价的委托，任何高于或低于定价的委托均视为无效委托。

我们通过集合竞价选出了当日热点股，那选出热点股后如何把握介入时机呢？如何在 9：30 之前快速买到今天的龙头股，买到低吸后涨停的牛股呢？

一、集合竞价选股条件

（一）量比大于 5

在大盘环境良好的情况下，选择量比大于 5、排名靠前的 100 只股票。量比大于 5，意味着集合竞价放 5 倍量，通过这种方法选股票一选一个准。

（二）高开 8 个点的要剔除

如果涨幅高开 8 个点以上就剔除掉，就算涨停了也没有多少利润空间；涨幅为负、涨幅为 0 的也剔除掉，说明股票不被看好。

（三）主力净买额为负的要剔除

主力净买额为负，意味着主力在出货，主力出货的股票，肯定不能要。

（四）委比为负的要剔除

委比为负说明卖单大于买单，但由于可以撤单，这个数值是有偏差的，所以还要结合其他因素综合考虑，比如撤单量的多少。这种方法用来观察大盘股一般会比较准确，流程如图 70 所示。

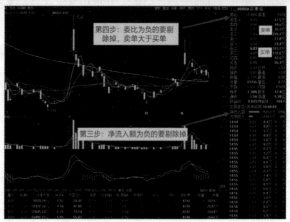

图 70

当我们通过以上四个步骤选出股票，是不是就可以直接买入呢？还差最后一步。

（五）六十日生命线

先打开选出股票的日 K 线图，看一下均线趋势，查看六十日均线（见图 71），由于六十日均线斜率向下，所以这只股票我们也要剔除掉，如果这只股票在热点上，那么再另行分析。

图 71

同时观察成交量是否放大、昨天买入的筹码是否盈利，如果集合竞价高开，买的人都盈利了，而我们就是要跟着可以盈利的资金去做，因此，这个时候我们就可以及时介入。

这就是集合竞价选股的五个条件，大家在集合竞价选股时一定要仔细甄别。

二、集合竞价买入法操作策略

选好股票之后该如何操作呢?

(一)填写预买单

选好股票后在 9:30 之前按盘口的"卖五"价格挂单。

选股时间一般在 9:20~9:25,只有 5 分钟,所以要快速浏览,按照前面讲的选股条件筛选,通过量比、涨幅、委比、净买额、六十日均线趋势向上、"聪明的资金"入场几个条件,选出股票后,在 9:25 之前挂单。

如果要打板,需要以前一个交易日收盘价的 10% 挂单,小数点后三位要四舍五入。

(二)集合竞价为涨停价

9:15~9:25 集合竞价开始,观察集合竞价,竞价价格为涨停价才可入选进而继续操作,就是说要尽量规避风险。9:25 交易所的电脑开始撮合,9:30 正式开盘交易。

(三)挂单买入

关键一步:要在 9:25 整,将买单发送,通常 9:30 开盘后,股票账户里就有这只牛股了。操作中需要注意时间节点的把握,尽量避免延迟。

按照集合竞价买入法操作,基本上一抓一个准,大家可以在明天集合竞价中实盘操作一下。

三、集合竞价买入涨停板模式

(一)无量一字涨停

(1)在 9:20 后,撮合价格稳定不动,价格轨迹呈一条直线,9:20 之前有涨停或跌停出现会更好,开盘就小幅高开,也可以是前一个交易日的收盘价。

(2)成交量要缓慢地增加,不要变动太大,且一直在变动,最好红柱子多,绿柱子少,买入数量是卖出数量的 1.5 倍以上。

（3）此类型要求个股在<u>上升通道</u>，没有暴涨或暴跌的情况，最好有利好消息。

案例一　（603138 海量数据）

案例如图 72 所示。

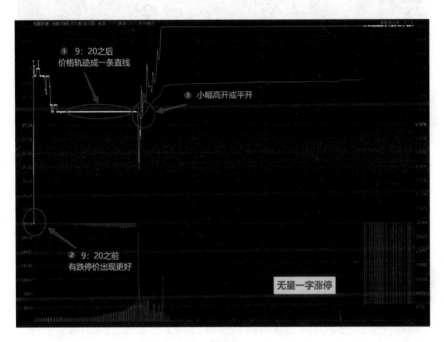

① 9：20 之后
价格轨迹成一条直线

③ 小幅高开或平开

② 9：20 之前
有跌停价出现更好

无量一字涨停

图 72

买点：在开盘之后，不低于开盘价，稳步上攻时买入，如果开盘后往下杀，没有快速反弹到开盘价之上，就不能介入。

（二）缓慢上攻型

（1）在整个集合竞价期间，撮合价格<u>逐步加高</u>，最后两分钟有突破拉升，高开在 5 个点左右。

（2）在 9：20 之后成交量<u>缓慢放大</u>，并且以红子为主，形成密集的成交量，9：20 前出现涨停或跌停更好。

（3）此类型要求最好是个股的行为，不受消息面的影响，K 线形态处于相对低位，近期有过异动，剔除处于下降通道个股。

案例二 （002374 中锐股份）

案例如图 73 所示。

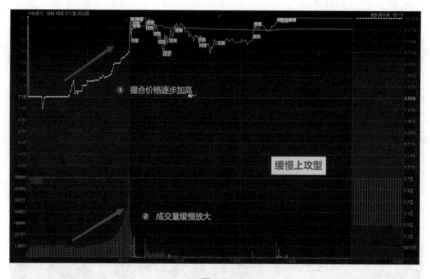

图 73

买点：参与集合竞价，一定要在 9：25 之前下单，太晚的话追涨的成本比较高，太早的话容易出现分歧，所以时间上一定要把握精准。

（三）急剧下坠型

（1）在 9：20 之前一直以涨停价保持高开走势，并且延续到 9：20 之后没有撤单，买单也没有减少，卖单逐渐增加，直到卖单超过买单，最后两分钟，价格急剧下降，甚至在最后 1 分钟急速降到昨日收盘价附近，但必须是红盘开盘。

（2）此类型要求开始的买单越大越好，不能撤单。一定要以涨停价高开并延续到 9：20 之后。

（3）不是因为消息面的刺激而下坠，而是个股行情如此，如果板块带动就很容易失败。前期暴涨股要剔除，处在下降通道的要剔除。

当然急剧上涨是我们最希望看到的股票类型。

案例三　（603138 海量数据）

案例如图 74 所示。

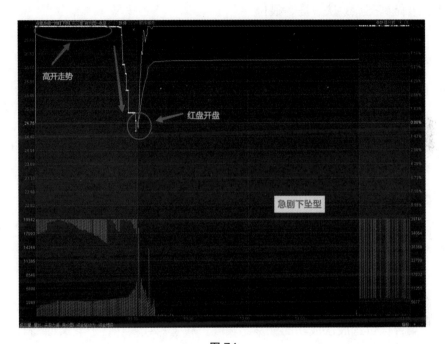

图 74

买点：最后一分钟急剧下降，观察成交量放量，个股不处在下降通道，择机挂单买入。

注意事项：

（1）容易失败的地方，一定要注意每个选股的细节，最好等到有完美图形出现的时候再出手。

（2）最好提前预留有仓位，不能一次性满仓，否则被套之后非常被动。

（3）由于集合竞价成交额相对较小，往往会有资金通过拉涨停的方式，让更多投资者关注，从而吸引人气，同时试探个股的抛压或跟风盘。9：20 后大幅拉升股价的资金是无法撤单的，所以资金会在 9：20 之前撤出，买单大量减少会导致股价瞬间下跌。

四、操作要领：快、准、狠

集合竞价抓涨停。想要在交易日集合竞价，9：20~9：25 下单买入抓涨停，要做到三点：快、准、狠！

（1）快：就是利用 9：15~9：25 这 10 分钟的时间做准备。从 9：20 开始利用 1~3 分钟的时间，看沪深两市个股排行，从涨幅量比下手，翻看排在前面的股票 K 线形态，形态符合判断的则作为标的马上下单，必须在 9：30 之前下单，才能抢得先机。

（2）准：从量比涨幅下手，翻看排在前面的个股 K 线形态，符合标准才介入，此时只有 3 分钟的时间来作出准确判断，这种功力不是一两天就能形成的，要经过长时间的锻炼。

（3）狠：只要个股 K 线形态符合判断标准，当机立断马上下单，必须在 9：30 之前完成下单，才能抢得先机。

五、买入涨停板注意事项

集合竞价选股法成功的胜率比较高，属于短线操作，但它又面临着一个风险，所以买入这种股票需要注意：

（一）控制仓位

大盘处于牛市环境中，参与仓位可以在八成以上；大盘处于熊市或牛市二浪调整阶段，要把仓位严格控制在三成以下。

（二）资金分配

对于用集合竞价涨停法选出的个股，在资金使用上要合理分配，个股形态好的多分配，形态不好的少分配，但是不要孤注一掷。

（三）注意量比

（1）量比在 2.5~5 倍，则为明显放量，若股价相应地突破了重要支撑或阻力位，则突破有效性非常高，可以及时介入。

（2）量比达到5~10倍，则为剧烈放量，如果个股长期处在低位，出现了剧烈放量突破，后续的上涨空间巨大，是"钱"途无量的象征。但是，在个股已有巨大涨幅情况下，出现如此剧烈的放量，就需要高度警惕。

（3）量比达到10倍以上的股票，一般考虑反向操作。在上涨途中出现，说明见顶的可能性极大，即使不是彻底反转，至少会调整相当长一段时间。如果股票处于下跌通道的后期，突然出现剧烈放量，说明该股目前彻底释放了下跌动能，局势将发生反转。

六、集合竞价买入连板股

这里讲的连板股通常是小盘股，大盘股的开盘幅度或量能比较特殊。集合竞价主要是针对连板股，面向想要做接力的朋友。集合竞价主要看资金承接，对于大部分不是涨停板的个股影响不大，但如果做涨停板接力，就非常关键。

涨停龙头接力的核心因素是承接力的大小，承接力也可以看成是买盘的力量，通过量能可以体现出来。当买盘力量远远大于卖盘力量时，股价大概率能够在当日得到可观的涨幅。

这个量能看的就是9：25集合竞价匹配的量，大部分软件9：25可以显示出来，用这个量和上一个交易日分时最大量做对比，大部分是以瞬间上板的量做对比，如果能够达到上一个交易日分时最大量的一半以上，就代表这里买盘力量强，当然股价必须是红盘。

（一）看昨日涨停溢价情况判断接力氛围

大家也许都经历过这种情况：昨天打板买入的个股今天竞价却大幅低开，甚至有的被闷一字跌停。这就说明当天的接力氛围不好，要谨慎做接力。

一般情况下，当看到昨天的涨停股今天大多数都低开，或者有个股被闷一字跌停，说明市场接力环境极差，切勿无脑打板，需要谨慎一些。

相反，昨天涨停个股今天大多数溢价很好，且有三只以上一字板涨停，则说明接力氛围很好，这时候可以多加些仓位。

（二）看连板股的情况

连板股又分为空间板和下面的梯队个股，我们首选空间板龙头股。做龙头的选手，主要就是看这些个股集合竞争的反馈情况。

一般而言，如果龙头股昨日烂板，今日超预期高开，那么就会对市场情绪有很大的提振作用，这对做一进二、二进三和只做龙头的人来说相对有了一层保障。

相反，龙头股开盘不及预期，或下面的梯队个股多数低开或开盘幅度不大，量能也不够，这时候就要警惕，可能当天不适合接力，有可能吃"面"。

最重要的一点：一定要结合当前的情绪周期去判断，集合竞价是点，是树枝的末端；情绪周期是面，是主干，只有结合起来去观察，才能发挥最大的作用。

（三）看涨停与跌停数量及核心人气股的竞价情况

如果开盘就有多只个股被按在跌停板上，特别是还有一些是近期的人气股，那么说明市场氛围极差，需要谨慎一些。相反，开盘没有跌停，涨停板数量相对较多，核心人气股溢价良好，那么说明当天的接力氛围好，可以结合情绪周期及选股策略参与。

（四）集合竞价的量能

关于量能，大家通用的一个标准就是，今日集合竞价成交量占昨日成交量的 10% 以上为最好。这里强调一点，并不是到了这个量就可以接力，也不是不到这个量就不可以接力，具体要看市场情绪环境以及题材的持续性来判断。

1. 当市场情绪好的时候

前面有提到过，市场有一种无形的力量叫势，推动着它往前走，即使集合竞价的量只有昨日成交量的 3% 或 5%，也一样可以晋级。

2. 当市场环境变差的时候

连板股寥寥无几，高度板三、四、五板被压制，即使集合竞价的量到了昨日的 10% 或 15%，也不可以随便去接力，一旦错了就是大"面"，所以理解市场情绪很重要，要从术的层面提升至道的层面。

（五）竞价强弱变化之弱转强

1. 连板弱转强

第一个板是烂板，第二个板超预期高开，配合题材消息，主流板块及晚上消息发酵效果更加。

连板弱转强：高开快速拉板，前一天产生分歧出现烂板，之后高开变一致。

前一天分歧说明弱，后一天高开超预期弱转强，说明转一致，大部分是主力在有计划地操作，也就是被新的主力看上了，大部分伴随晚上消息发酵。

2. 尾盘竞价急拉抢筹

有意制造抢筹现象，给人以震撼，是分时图尾盘集合竞价最后一分钟的演绎。

行情好是"大肉"，经常开盘秒板，行情不好也容易吃"面"，需要结合市场热点消息面综合研判，行情好的时候是主流热点，可以重仓介入，行情差的时候要谨慎。

3. 涨停竞价开盘

集合竞价阶段，直到 9：20 之后也没有撤单，还是涨停价，但最后被获利盘砸开，首板高开 7 个点以上，开盘后有两种走势，一种是直接当日最高点，一种是遭到抢筹直线秒板，首板就是日内龙。

9：20 之后不撤单说明主力主动承接抛压，信心十足，已经暴露主力强烈的做多意愿，接近开盘竞价被砸，主要是前一天获利盘感觉差不多了，便集中释放抛压。

开盘之后再次遭到抢筹，强势地位确立，相当于二波拉升。第一波为涨停竞价，回落为洗盘；再次开盘抢筹二次拉升，确立强势行情，抓强势龙头。弱势行情时要小心谨慎，这种类型属于换手不充分，靠气势拉升的。

4. 高于预期竞价弱转强

如果按照正常的走势，前一天弱势、阴线、冲高回落，第二天应该是低开或者平开，绝不会高开。但第二天高开强势异动（弱转强就是一种强势异动），说明有明显超预期。同时结合消息，板块刺激效果更强，这种方法经常出现在龙回头个股的选择上。

5. 特定时期，主力为了稳住抛压，大单顶一字

这种并不是一开始就是一字板，而是刚开始的时候封单不大，然而市场环境也不错，有人开始大单跟上，迅速引来跟风盘，也就是只要你想买，基本能买得到的品种，所以考验的是判断力和勇气。

6. 量价齐升，稳步推升

给你充足的买入时间，放量往上拉。和尾盘抢筹靠技巧不同，这是实打实的用钱买进，主力强力看多。

7. 竞价跌停，尾盘急速上推，直接情绪逆转，大幅异动

这里有两种情况：

（1）前一个交易日涨停，竞价受其他人气股影响，被按跌停，集合竞价出现抢筹修复行为。

（2）前一个交易日跌停，第二天惯性下杀补跌，散户疯狂压竞价，被主力诱空强力扫盘全部吃掉，这是主力强力反攻的信号。

8. 强势龙头竞价低于预期

开盘后会出现三种走势：

（1）弱转强，竞价低开后有极强的买盘，水下急拉翻红走强。

（2）竞价抢跑，低开后砸跌停，获利盘抢跑明显，无明显承接。

（3）水下震荡，分歧较大，成交量为近期天量。

总结：集合竞价选股法成功的胜率很高。它属于短线操作，存在一定的风险，所以一定要控制好仓位，在市场处于牛市时胜算更大。同时所有

的竞价情况要结合当前市场情绪周期来看，不同的情绪周期环境不一样，对于竞价的超预期或低于预期有不同的判断标准，只有掌握了大方向，在细节上才能做到游刃有余。当然，学会了以上这些技巧，可以加大赢面，同时还要通过实盘经常地锻炼和总结。

第十四课　复盘总体规划

在证券交易市场中，良好的盘感是股民投资股票制胜的必备条件，盘感需要训练，通过训练，大多数人的盘感都会提高。那么如何训练提高盘感呢？保持每天进行"复盘"。投资者需要在股市收盘后再静态地看一遍市场全貌，重新审视市场，并根据复盘情况，预测其后期走势，从而做出一些合理的投资策略。

今天我们将从宏观角度来讲短线的"复盘体系"。对于股民来说，每天收盘后，一定要做的一件事就是复盘，如果有一套完整的复盘体系，可以帮助我们系统性地复盘，那么我们将会更全面也更快速地复盘。

对于复盘体系，其实重点不在复盘而是体系，那何为体系呢？我们在股市会面对非常多的体系，整个体系包含的内容也很多，下面我们将详细介绍。

一、大局观

很多人认为做短线就是套利投机，大局观并不重要，实际上如果你没有一个看长做短的眼光，那么如何能做好短线呢？单纯地涨了去追涨，就很容易被套，我们先来看什么是大局观。

（一）定义

对于复盘而言，不仅要看市场人气个股，还需要对市场有一个从宏观到微观、自上而下的复盘过程。

（二）具体步骤

1. 大盘分析

我们从大盘 K 线图中既可以看到股价的趋势，也可以了解到每日价格的波动情况，能够全面透彻地观察到市场的真正变化。通过观察指数所处日 K 线级别位置，来判断大盘目前的压力位、支撑位，看其是上升趋势还是下跌趋势、短期是否在箱体震荡。

从周 K 线级别可以看波段式 K 线的走势，通过看一个长期的趋势，预测短周期内是反转还是反弹，这就是所谓的"看长做短"。

2. 资金面

股市中的资金会主动选择方向，观察资金的流向，即观察成交量和成交金额，判断资金流向是分析大盘走势的关键。看央行对货币政策的管制是放水还是收紧，这对于短线资金热钱的存量与增量至关重要，在一定程度上代表了行情的持续时间与热度。

3. 技术面

股市技术面是指反映股价变化的技术指标、走势形态以及 K 线组合等，对于刚入门的投资者来说，想要快速看懂宏观经济、行业产业链、上市公司基本面等是比较困难的，而技术分析是分析具体且量化的指标和走势图，可以做到简单易懂。

观察日 K 线、周 K 线、月 K 线的走势，还要分析大盘目前是上升期还是震荡期、是不是调整阶段，每个阶段对应的策略是不同的。

4. 指数分时走势图

指数分时走势图是把股票市场的交易信息以指数实时地用曲线在坐标图上加以显示的技术图形。指数分时走势图中白色曲线表示上证交易所对外公布的通常意义上的大盘指数，即加权数；黄线是指不加权的指标线，反映小盘股的走势。

指数日内分时的波动走势，可以根据大盘指数 60 分钟 K 线的 MACD 指标来预判，并且可以预测第二天的开盘行情。

（1）MACD 在 0 轴上属于可操作的多头行情，日内分时高开高走。

（2）MACD 在 0 轴下属于空头行情，日内分时冲高回落或低开低走。

我们平时常常提到的分析大盘走势，就是依据这些指标，如开盘冲高回落、低开后拉升、震荡下行，或者一路高开高走。

5. 外围股市

外围股市一般是指国外股市。随着经济全球化的发展，外围股市的波动会对国内股市会产生一定的影响，其中美国股市对国内股市的影响最大。

中国一些大型企业在美国上市，随着美国股市的上涨，会带动相关公司股票的上涨，从而刺激国内相关企业、大盘的上涨。同时，美国股市的下跌，会带动相关公司股票的下跌，从而刺激国内相关企业股票、大盘的下跌。

如果外围跌了，第二天会影响开盘的情绪，外围对情绪的影响一般只能维持半个小时。大幅度低开尤其是快速下杀，就是最好的短线买点，是送钱的行情。

如果外围上涨，会影响大盘第二天做多的情绪。如果高开很多，就要注意了，判断是否高开低走。尤其是大盘走势不好时，更会借助外围高开后低走。

很多人觉得情绪不错就一定要高开，实际上并不是这样，正常外围行情走得很好，第二天大盘如果低开往往超乎预期，会有一个低开高走，但如果高开，说明早上一开盘就兑现了行情，这时候进场很有可能碰到高开低走，尤其高开很多的时候，此时千万要注意，所以大局观是非常重要的。

二、分析短线

（一）情绪氛围

1. 观察大盘

主要看大盘 K 线黄白线，看哪个在上面，哪个在下面，是一致还是背离，这个很重要。要判断是大盘股为主的白线主导当天市场，带动情绪上涨，还是黄线为主的题材股主导市场。

2. 集合竞价

通过集合竞价开盘情况来判断市场情绪反馈的好坏。比如一只个股，昨天是烂板或地天板，或是带上影线，那么第二天的集合竞价中，看它是否弱转强，如果高开说明情绪转好。

集合竞价也会出现积极的买入信号，由于 9：15~9：20 是不稳定状态，所以一般在 9：20~9：25 这 5 分钟不可撤单的时间内，如果出现量价齐升的情况，这个时间段状态稳定、行情确定，那么就可以积极地买入，这样胜算就比较大。

注意一点：这 5 分钟内买入的股票一定是近期的短线强势股，属于中低位，有题材和资金关注。

这个弱转强就是常说的烂板出"妖股"，所以说做短线要有敏感度和理解能力。

（二）情绪周期

对于情绪周期在操作中的应用，我们可以分为五个阶段，不管什么题材、什么个股，都是可以反复适用的，是过去、现在、未来都可以套用的模式。所以一定要理解情绪周期，自己要慢慢学会预判情绪周期现在的位置。

1. 混沌试错

一波行情中一定会有波动，一个周期过完以后，一定会回归到最原始的状态，我们称为混沌期，这个状态是情绪的冰点。高位阶段出现"派大面"的情况，这个时候不能再去追高位股，要远离高位筹码、纯情绪筹码，博弈上去的个股。

在这种行情中，要考虑高低切换做补涨，即在一个高位龙头的大跌或者某个板块的调整大跌后做补涨。

（1）我们可以做低位新题材的接力，常用的手法是 1 进 2，或者半路打首板。

（2）如果你觉得老题材还有行情，还想继续做，就做高位题材的低位补涨替代。比如你做一个前期的题材，觉得它有后续的行情，要继续做，这时你就在题材中找一些低位的补涨股来做，不要找高位的。一般是高位7板对应低位2~3板，高位5~6板对应低位1~2板。

小结：总的来说，在这个混沌试错期，都是往低了走，什么在低位做什么，基本以首板为主。不管是哪种模式，看到情绪冰点，我们第一时间就要想到高低切换。

2. 分歧接力

分歧接力是从混沌期后进一步加强了赚钱效应，上升期可以有三种模式：

（1）龙头接力。空间板要打到5板以上，不要做前期"老鸭头"，前期的龙头基本不做。有句俗话说："过气的龙头不如狗，过气的凤凰不如鸡。"

（2）弱转强。如果想要赚钱，选择的节点是2进3，一定选2连板，去赌它第二天能进3连板，赌它第二天能涨停。当天你选的2板的股票，次日买入的时候，一定是确定它第二天能涨停板，这就是常说的2进3。

（3）上升期的加速。既然是分歧接力，一定有一个接力后的拉升，这就是常说的上升加速3进4，基本上2进3可以确认龙头，3进4就要买入龙头，选出来后要敢于买。有人选出龙头后不敢买，或者犹豫一下，结果今天涨停了准备去打板，或者等一天再去买，一步赶不上，步步赶不上。

小结：股市都是逆人性的，你如果站在大多数人的一边，那你就输了。一般刚开始的时候你就犹豫不决，不敢进场，这个和情绪周期有很大的关系。

刚开始你不敢进去，犹犹豫豫，等到了高位时，情绪周期处于高位震荡期开始下跌了，你忍不住进去了，你就在山顶站岗了。

还有一种情况就是，你在低位拿了先手，拿到筹码，但是拿不住，一涨就卖。其实没必要老去看，如果第二天开盘涨停了，持股即可。

要是实在拿不住，就去分析这个股票所在的波段是哪个周期的阶段、所在的板块情绪周期如何、所在的板块有没有集体赚钱效应、梯队是否完整、是否有"小弟"跟风和中军、中后排个股是否掉队，等跌破五日线时直接离场就行。

3. 高位震荡

做短线基本没有几天是好做的，一个周期1~2周就结束了，紧接着高位震荡，到达顶点后，你会发现有几个情绪节点比较适合做弱转强、强更强、强转弱，量上是从分歧到一致加速再到高潮衰退，三个阶段贯穿始终，这是亘古不变的。

高位强转弱要注意，很有可能退潮，也就是后面要讲的退潮期，或者转到刚才讲的第二种分歧接力阶段。这三种走势对应的高度：

2~3板去做弱转强；

3~4板、4~5板做强更强；

5~6板、6~7板做强转弱。

其中强转弱一定要看清楚再做，如果处在下跌期，怎么玩都是亏，你做龙头股，5~6板是强转弱的时候，你认为是分歧接力，追了进去，万一是退潮期，那就吃大"面"了。

在下跌期，强转弱意味着高位分歧，如果你持有的是龙头，就继续持有等彻底走弱了再走，龙头会比其他个股多一条命，就算板块挂了，也是跟风中军先跌，龙头最后才死，但也不会出现A字杀这种极端行情。如果你拿到先手，有了很大的利润空间，那就可以再博大。

还有一种情况，就是在下跌期出现放量大阴线，那么选择持有龙头进行博弈，或者卖出后做切换低位新题材个股。

还有种最极端的情况，也就是龙头股出现A字杀，那么选择空仓或者去买权重股避险。

4. 退潮期

盘面高位各种杀跌，情绪一度达到冰点，龙头股挂掉，中军股趋势也被破坏，这种情况有两种应对方式：

（1）直接空仓。需要等待试错期出现新题材或者弱转强，盘面诱惑太多，眼不看为净，一动就错，那就管住手。

（2）选择抄底。对自己有信心的选手，可以去抄底，但需要有一个信号。情绪冰点后需要等待市场情绪转暖的信号出现，至少2进3板成功、3进4板也都成功了，没有出现负面反馈，前期杀跌的品种出现地天板、反包板等人气修复的信号。如果连板失败，市场没有赚钱效应，此时进场就是亏钱。

若是弱势修复行情，那么继续轻仓，这种情绪比较微妙，等待有赚钱效应了才有合适机会。这个阶段总结出来就是五个字：不亏就是赚！

5. 混沌期

这个时期又回到了第一步，具体操作如下：

（1）做高低切换。老龙头挂了，空间打不开，高度一直不能突破，那么就在冰点远离高位情绪股，做高切低，做其他题材的1进2。

（2）做接力。下午盘中，在1进2出现分歧放量回封打板时，注意盯住这个板块的最高标。

（3）做首板。市场出现了新的逻辑、新的题材，高位补跌完了，新的题材很多，也很混乱，此时我们要观察哪个板块的赚钱效应最好，那么我们第二天就打板块上最强的那个。同时还要关注资金流不能被其他板块分流得太多，否则遍地开花，最后谁也没走出来。

（4）做题材切换。高低切换的同时，也可以注意方向切换。老题材与新题材切换，主线与分支切换，当市场没有热点炒作时，可以切换超跌品种、次新股、业绩增长个股。

小结：一个完整的情绪周期实际上是四个阶段，但是我们把它分成五个阶段，因为第五阶段中，两个混沌期不一定是同一个混沌期。

情绪周期五个阶段中需要注意以下几点：

（1）仓位控制。根据情绪周期，匹配不同的仓位。

（2）分歧接力。从分仓到满仓，逐步加仓的过程。

（3）试错期。控制仓位去接力龙头，做卡位时不要接力，卡位只能留一个晋级，去弱留强。

（4）下跌期。谨慎情绪与指数双杀，仓位一定要降低或是空仓，保本要紧。

（5）混沌期。大盘股低吸半路。

总的来说，就是顺势而为，大势来的时候努力去做，大势走的时候轻仓试错或空仓，把握节奏非常重要。一步错，步步错，你做错的亏损是要拿钱去补的，得不偿失，做对了无非多赚一点，做错了你亏损的是本金，所以一定要注意仓位控制。

很多人做股票不分情绪周期，做什么票都是半仓进去，做价值投资还有可能成功，做短线就非常危险，如果总是半仓或满仓进场，你会发现永远都是亏的。

三、市场主线及持续性

（一）关注主线行情

市场的主线逻辑是国家政策主导的方向，是政策驱动的，是一个有利于改善上市公司业绩的预期差。

主线行情中一定会有小盘股一字板，大盘股不会这么走，大盘股一般都有一个中军龙头。你买不到一字板，打板或者选择板块的中军参与就行。

正常情况下，做主线行情，要么买中军龙头，要么买龙头股，基本上不做跟风股，除非你错过了介入时机，龙头股已经涨停，中军龙头也在高位，这时才可以考虑跟风股。

主线的中军龙头是可以作为中线持有的品种，看下面的小弟继续疯狂，是看下做大的思路，中军龙头也会持续拉升。

注意：主线上面一定会有龙头高度空间板，那么板块中也有多个中军拉升涨幅20~30点，错过了龙头，那么可以参与中军或者半路打板个股，但是能做龙头最好，打板的话必须打龙头，低吸的话也是要去做龙头。

如果怕高位或者不敢做龙头，那么也可以围绕主线板块做日内领涨龙头、补涨龙或者挖掘补涨股。挖掘题材补涨股很简单，潜伏、低吸、半路都可以做，一旦市场合力挖掘出来，至少能涨 10 个点以上。

（二）市场持续性

市场合力很重要，一个好的板块要走出持续性，需要市场合力的作用，单纯靠一个庄家没用，比如前期碳中和、白酒行情靠的就是市场合力，板块指数走势同个股的 K 线一致。大环境下的雄安新区、"一带一路"讲的也是市场合力，如果没有市场合力，基本就做不成。

所以好的换手是必要的，如果都是一字板，那么筹码断层很严重，一家独大不好做承接，里面的获利盘太多了。

小结：我们平时炒股关注最多的是反映板块指数走势的 K 线，比如碳中和板块，同样与个股 K 线走势类似。需要多看看板块的量能是否逐渐放大，如果板块指数走势预期非常好，第二天相应的板块内的个股也不会差。

第十五课　复盘注重细节

在股市收盘后再一次地观察盘面，翻阅各个环节，进一步明白哪些活跃资金流进、哪些个股主力资金在逃、大盘的抛压主要来自哪里、大盘的做多动能又来自哪里、哪些个股正处于上涨的黄金时期、哪些即将形成突破、大盘今日涨跌主要原因是什么等，对市场进行复习，加深对市场的了解。

上一课我们讲了超短复盘体系需要具备的大局观意识、需要具备的眼光，本节课我们将重点谈一下确定了大环境后如何选择牛股、超短复盘中需要注意的细节。

一、如何选股

上一课我们讲了情绪周期，要对情绪周期有大致预判，讲到了五个阶段。要分清楚整个题材在大的环境里属于哪一个时期，是上升、分歧、修复、退潮、冰点，还是混沌期。

判断对了行情所处的时期，那你的选择点自然就会在某个特定的区域当中，你会发现根本不用选，很多时候这个区域就一只股票，你所有的操作围绕着这一只股票进行就可以了。

对应第二天的情绪股、竞价的情况，判断是否出现弱转强或者不是很坏的开盘。举例：

（1）当天阴线，第二天开盘后低开 3~5 个点，然后可以快速拉红。

（2）上影线收盘，第二天 2 个点以上开盘；跌停后第二天没有继续跌停开盘。

（3）当天烂板、地天板，第二天平开或者高开，都是情绪向上的表现，情绪向下就要谨慎对待。股票市场是动态变化的，我们还要辩证地去看。

选股模式可以分为六种：

（一）龙头选股

我们常说做短线一定要围绕龙头去做，通过复盘主线市场热点来判断板块的爆发力度、赚钱效应是否得到扩散、是高标还是低标，同时关注整个题材梯队的完整性和板块梯队的关系。

这些全部看好，再观察技术面，包括量价、换手率、筹码结构、K线图形。做短线技术面不是特别重要，关键是结构上要分得清楚，如上面谈到的市场热点、板块爆发力、赚钱效应、高标低标、完整的梯队，其次才是技术面。

第一天晚上把这些都确认好以后，第二天的实盘基本上就没什么太大的问题。如果第二天开盘高开了就等等看，高开太多说不定直接上板，这时就可以打板，走一个确定性行情。

需要注意：我们要买在分歧，卖在一致；弱转强的时候买入，强转弱的时候卖出，这就是龙头选股的买前计划和第二天的操作思维。

（二）集合竞价选股

我们一般是复盘的时候选股，但在以下几种情况下，也可以在集合竞价时选股：

1. 情绪修复

复盘时觉得第二天可以抄底反弹，当天判断情绪修复或者上升，那么集合竞价可以选。

在集合竞价的时候，你会发现有些个股特别强，因为前一天市场大跌，第二天我们判断要情绪修复，此时集合竞价特别强的股票大概率会上板，所以我们就要做强更强、低位或者高标空间板。

2. 情绪分歧

如果判断当天情绪分歧，或者冰点，那么在集合竞价时就要做弱转强、低位或者高标试错。弱不是指跌停，而是高标开盘特别低，负7~8个点开盘，这时候可以去尝试。

（三）半路首板

正常情况下，对半路的买点一定要理性，不能自己想当然去买。认为不是涨停的位置都可以随便买，那就错了。每只股票、每种模式都有固定的买点，是纯粹的，比如扫板、打板，买的是确定性，也就是在封板前的一刹那，这就需要有一些敏锐度、一定的盘感，而这需要经过反复地实盘锻炼才可以做到。

一般半路首板的买点也是固定的，买点在2~3个点涨幅，高了或者脉冲式拉升都不能去追，盈亏性价比不高。2~3个点发现盘中有异动，股价快速拉升或者有资金疯狂大笔买入，这时候在盘面上可能没有显示，稍微挂得高一点，也就买进去了。

那么什么情况可以用半路首板呢？

（1）前一天上影线。

（2）"N"型阴线。

（3）涨停加一阳。

（4）平台突破左侧高点，且左侧高点距离这次不要太近，套牢不能太多，两者中间有个震荡的过程。

这四种情况是半路首板最好做的时候，整体呈现一个"V"型或"U"型上涨过程。

（四）接力龙头

如果你选择做接力龙头股，那么就远离中军中位股，一般中军当中不会产生接力龙头股，因为中军中位股市值偏大，不会有短线资金进去炒作，接力龙头一般都是小盘股。中军作为高位股后续的补涨股，补涨空间不是很大，容易在高位龙头股见顶前补涨到位，开始下跌。

如果你做接力低位股，那么就做一字板的同位股。

需要注意：要区别对待小盘股和中盘股。小盘股打板上，中盘股半路上，这样盈亏比才合适，风险也最小。切记：中盘中军股不能追，追了很容易冲高回落。

（五）低吸

低吸的买点，也是在高盈亏比时。低吸的模式分为三种：

（1）龙头分歧低吸；

（2）水下 0 轴以下；

（3）情绪不及预期低吸。

（六）首板套利

首板套利基本上在 2~3 个点的获利幅度离场，不要追求很多，你只要坚持这种模式，赚钱还是比较快速的。模式有对也有错，错了就及时止损；对了也是快速离场，赚自己该赚的钱。

打首板分为两种模式：

（1）当天套利为主，一般做中军股打板和逻辑日内龙；

（2）以溢价为主，比如消息面上打首板，或者当天的补涨龙头打首板，或者新题材刚兴起的时候，博弈里面产生的新龙头。

这几种是首板套利最常用的模式。

二、交易计划

选完股票之后，我们要做一个交易计划。大家想一想自己在做交易前有计划吗？交易，在于交易计划。

交易计划建立在预判的基础上。大多数交易者做股票经常亏钱，是因为他们没有完整的交易计划，基本上都是今天买，明天卖，太简单太随意，这不是交易计划。

如何才是一个完整的交易计划呢？

（一）复盘

首先要复盘，复盘是基础，所有的交易计划都建立在复盘的基础上，没有复盘就没办法做计划。你不知道今天的走势如何，只在盘中关注，是无法做到公正、客观地去看待市场的。

当你提前做过交易计划后，你在交易过程中就会按部就班地走，不会显得手足无措，不会心态失控。所以要在交易前做好计划，然后严格执行，如果不能执行，那么没有任何意义。

（二）计划交易

交易计划是开端，然后是计划交易，前一个计划是名词，后一个计划是动词。这句话一定要牢记，每天开盘前念几遍，一定能做常胜将军，如果能做到，那你基本上不会亏钱。

如果你没有交易计划，一个月、半年后，你会发现被套了很多股票，亏了很多钱。所以每天都要坚持做复盘，要对自己的每一个计划负责，做出详细的计划，在交易开始后，严格执行计划。

计划交易的模式分为以下步骤：

1. 市场情绪

复盘时第一看市场情绪，情绪也分好几种，如指数情绪、板块情绪和个股情绪，然后就是板块周期。

2. 逻辑面

复盘的板块周期的逻辑是什么？逻辑为先，一定要有逻辑性的炒作，做股票不是赌博，不是让大家猜正反面，有人买彩票也会统计一下近期哪个号出现的概率大，做股票更要有逻辑性，有逻辑性的机会才是有预期差的机会，这种预期差才是资金博弈的核心点。

短线的关键在于理解力，那么对于个股，逻辑就是理解力。

（1）个股预期分为符合预期、超预期、低于预期。

（2）个股辨识度分为地天板、成交量最大化、市场目前高度空间板。

（3）个股梯队的关系：一个板块内分为龙头、补涨、补涨龙、中军。

（4）板块或者个股的逻辑：是"明牌"<u>纯筹码博弈</u>、<u>暗线</u>的。

3. 技术面

（1）技术面上个股的低吸逻辑：<u>连续性低吸</u>、<u>龙头低吸</u>、<u>情绪恐慌低吸</u>。

（2）半路的四大模式逻辑：<u>上影线介入</u>、<u>阴线反包</u>、<u>平台突破</u>、<u>上升趋势跌到下轨形态</u>。

（3）还有一种个股的逻辑是打板：分为扫板和排板。

做超短线基本上是把技术面放到最后。很多人觉得做超短技术面应该放到第一位，基本面要求最低，但实际上并不是，最高的要求是<u>情绪面</u>，其次是逻辑，最后才是技术面。

三、股票卖点思维

在股票交易市场，你持股阶段永远是浮盈，我们从来没有说你买的股票有盈利你就赚钱了，我们都是告诉大家你的浮盈是多少，只有当你卖了股票，你才真正知道是赚了还是亏。

（1）股票卖点从大的方向看：要去看板块内的效应、<u>赚钱的效应</u>、跌停个股的数量。

（2）从个股上看：<u>看量价</u>，价升量缩是风险；量价齐升可以拿，同时要和之前的成交量对比。

（3）找同题材的风向标：同题材同段位的个股，看情况如何。

（4）看情绪周期：关注情绪高标个股的强弱变化。

（5）看盘口承接：分时图均线的承接、成交量的承接。

（6）看<u>指数</u>当天的情况：是下跌还是上涨，最后卖掉。

行情到了退潮期或者高位震荡期都建议大家先把股票卖掉，因为你分不清楚后续怎么走，不知道赚钱效应大于亏钱效应，还是亏钱效应大于赚钱效应，此时小心为好，赚钱了怎么卖都是对的，亏钱了怎么买都是错的。

四、仓位管理的思维

根据情绪周期的不同，仓位也有所不同：

（1）试错期：分二至三成仓低位试错，试错成功后得到先手，利用个股分歧继续加仓。

（2）上升期：按照 3-3-4 成仓位的模式，逐步加满。

（3）高潮期：开始减仓直到全部出货。

（4）退潮期：高低切换，分三成仓位做低吸。

（5）混沌期：三至五成仓位。

五、复盘流程

股市 15 点收盘后，是不是就没事做了？当然不是，可以说我们的工作才刚刚开始，当天晚上要利用 1~2 个小时去复盘，坚持做下去，你的盘感就会有质的飞跃，不妨坚持一个月，收获会不小。具体流程如下：

（一）指数

看市场的总情绪处在哪个阶段，每个阶段对应的整体策略都会有调整。大环境好的情况下，有较大的操作空间；大环境比较极端时或是调整阶段，还是谨慎为主。

（二）情绪

当天热点题材板块如何，主要看人气股、情绪高标是哪个，风向标个股是哪个；看连板晋级率怎么样。

市场涨跌家数、市场热度如何？如果过热第二天回调下跌的概率大，进行涨跌个股分析、炸板数和个股分析。

（三）板块逻辑

题材里面板块涨跌及逻辑。

板块当天日内龙是哪一个？龙 2、龙 3 是谁？将涨停板质量最好的确定为龙头，观察板块内有多少涨停板。

同时要关注某个题材炒的是什么逻辑，是<u>消息</u>、<u>行业结构</u>，还是<u>未来预期</u>，抑或是最近炒年报。

（四）涨停板接力情况

涨停板接力连板晋级如何？

（1）观察连板股<u>开盘涨幅</u>是否弱转强、量价关系有无逻辑。

（2）看所有首板涨停逻辑，比如分时量价承接强度、K线所处的位置、量价关系是否合适。

（3）看一下赚钱效应。

（五）次日交易计划

大盘指数涨跌，是题材为主还是大盘为主？做首板还是做接力晋级？空仓还是高低切轻仓试错？

（六）成交量

看成交量金额大于10亿元的股票：K线如何、分析明天涨跌。同时看涨幅、成交量如何。

（七）消息面

看消息面判断其与前面分析的情况是否一致。笔者现在用的最多的是Wind资讯、慧博投研资讯、财联社、同花顺，东方财富、雪球、微博、炒股吧也都有在关注。

六、每天反省每周总结

大部分交易者最欠缺的一步，就是每天反省、每周做总结。总结问题所在，不要连续犯错，反思买的个股是不是符合当下主流的<u>人气股</u>、买卖点是否严格遵守<u>交易制度</u>，总结每天得失，不断修正规律，形成习惯。

（一）总结规律

本周做对了什么票、做错了什么票都要知道，因为市场永远在变。过往的手法有可能会被淘汰，但是过往的思路一定会有延续，以前做的最多的有打板、排板、低吸、地天板等，"与庄共舞"现在很少听到，但是思路还是延续了。

我们要从过往的错误中总结经验，归纳一下成功的规律：

（1）最近成功的是什么模式，那第二天我们就按照这个成功的规律来。

（2）最近我做什么票是亏的，那这个票的技术形态、这个题材、这个资金量或者这个龙虎榜庄家进场的票，我都不做。

（二）回撤的原因

非主流个股、交易模式外的交易、情绪化赌博式交易、情绪周期不重视、风险来了重仓高位参与。很多人重仓追了龙头，没有做分仓处理，一进场碰到回调，就会亏很多。

（三）股市里的悟道

股市里面的交易最终还是靠自己，通过一段时间、一个周期锻炼，收益稳定了，模式固定了，按照系统严格执行，每天机械化交易，不带主观情绪或不急迫式交易。

每天复盘，第二天按照自己的模式去操作，赚钱效应好、有机会就去做，没有机会就休息，不要一直盯盘，尤其是前期制定的模式，训练时会手痒的，要养成一个好习惯。

小结：踏入股市，其实就是"师傅领进门，修行在个人"。

你能有多少成就其实靠自己，如果你在股市中完全靠别人带，那你很多股票都做不了。比如打板、快速异动、2~3个点低吸，你根本买不到，因为市场异动的时候你靠别人带是玩不转的，时间不等你，别人买进去是2~3个点，你买进去可能就是5~6个点，再统计你的成功率，你会发现根本赚不到钱。

所以做股票一定要靠自己，你一定要把整个交易体系吃透，然后结合自己的特点，把整套系统做好，最后才能赚钱。我们正常工作，付出努力才能赚到相应的收益，那凭什么在股票上可以获取暴利呢？所以一套正规的交易体系，是有助于你在股市中赚钱的，每天花1~2个小时进行复盘，这还是初学者阶段。等你熟悉了整个流程，你会发现每天1个小时以内绝对能搞定一套复盘。

至此整套超短复盘体系已经讲完，希望大家把上下集的复盘体系仔细复习、融会贯通，做到活学活用、驰骋股市，最后成功上岸！

第十六课　快速复盘抓牛股

很多有超前意识的人，在大牛市到来之前就已经开始关注股票市场，在行情最低谷时开始逐步建仓，建仓完毕就开始了最辉煌的、波澜壮阔的大牛市行情，到达最高峰的时候，不一定是最高点，而是所有人都疯狂地冲进股票市场来淘金的时候，他们再次果断卖出所有的股票，然后就空仓去度假了。

只有大师级别的高手才可以做到如此潇洒，散户投资者一般不愿意多学习股票技术，连 K 线图都不懂，什么叫移动平均线都不知道就想赚大钱。想想赢家的资金优势、信息优势、技术优势、人脉资源等，要想成为赚钱的人，务必要具备好的心态和过硬的技术。

股票形态越复杂越不要去碰它，只做那些形态波浪比较清晰的股票，做简单的能够赚钱的事情，越是烦琐的技术就越不能够深入去研究，我们只要使用好几个简单的指标就可以了，即 KDJ、MACD、SAR、RSI 这四大法宝。太难明白的东西往往很难推广，不能够广泛地被投资者应用就不会有什么影响力。

短线指标 KDJ 可以看出短线的苗头，金叉上涨短线可以做。

MACD 向上突破 0 轴，红柱增长，中线趋势比较好，大有可为。

SAR 指标：红色持续就比较安全。

RSI 处于强势期时，就比较活跃。

以上是一些重要的技术指标工具，要熟练掌握。今天我们讲解每日做复盘的手法，可能与上一课有些相似，上一课是复盘体系，讲的是核心思想，本课讲做超短复盘要注意的细节。

复盘是服务于交易的，尤其是短线，要通过复盘来选择第二天潜在的交易个股，那么该如何复盘呢？如何选择第二天交易的牛股呢？

一、短线关注类型

（一）当天热点板块的龙头个股

主要看龙一、龙二、龙三，龙三之后就不用看了。通常就是看板块连板最多、涨停时间最早的品种。做短线最重要的就是围绕市场的龙头股操作，我们不太会参与龙二、龙三，直接参与龙头股，打板要打龙头，低吸也要低吸龙头。

为什么还要看龙二、龙三呢？因为它们是判断能否参与龙头股的参照物。龙头股之所以称为龙头股，一定是要对市场有带动性，如果只顾着自己涨，龙二、龙三后面以及整个板块都没效应的时候，那这只股票就没有用，也不能称为龙头股，有板块效应时龙头通常能够涨得更好。

（二）关注当天的连板品种

龙头通常是连板股，但连板股不一定是龙头。大家都知道涨停板代表着强势，首板可能只是单纯的消息或者一日游，但能连板的股票能够说明资金对它的认可。

股市有句俗语："有三就有五，有五就有七。"每一个涨停板都有10%的收益，这就是连板品种在超短里的暴利溢价，这也是为什么很多人想做"妖股"的原因。

但是连板股只能说明资金认可它，不能说它一定就是龙头，并不是龙头才会被资金认可，连板的股票一样是被资金认可的。连板股是短线资金都会关注的品种，大家都想参与，不怕缺乏流动性，所以连板的品种也是我们重点关注的。

（三）换手与振幅

看一下当日换手和振幅排在前10的股票，也就是量。换手高代表了交易活跃，活跃就说明有资金关注，有关注就容易产生关注度溢价。

而振幅大通常代表股性好，做短线就要参与短期股性好、波动比较大的品种，如果一只股票每天振幅2~3个点，那做短线就没什么意思。我们最喜欢"大长腿"涨停、地天板涨停、直线涨停板等，这都能让一只股票短时间内把股性激活，容易吸引交易者的目光，可以享受关注度溢价。

需要注意：高换手和大振幅的股票，关注度很高，经常会走出龙头品种。你每天比别人多关注一些这类股票，肯定会比别人先发现龙头，如果你不关注，那你不可能发现龙头。

（四）消息面

主要关注一下当天的"三大报"和各种资讯吹的方向与涉及的个股，今天哪只股票涨得非常好、明天哪只股票涨停，它们都吹到的股票一定会有一个交集。市场中有很多股票，它们不可能A吹一个B吹一个不重合，一定有重叠的部分，哪只股票重叠得最多，那这只股票的走势应该不错，市场关注度会更大。

一般来说，第一天吹过的股票，第二天如果市场认同的话，多数是首板，很多人恐高喜欢做低位股，对于习惯做首板或者做消息股的交易者，就要重点关注这一块，消息面非常重要。对于习惯做接力、跟随着市场选择的龙头来操作的交易者，这一块则不是重点。

经过上面的流程我们完成了第一步粗选，针对这些股票还要看一下是否有利空消息。

常见的利空消息：减持、违规、财务"黑天鹅"等。特别是减持股，一律是规避的态度，不管减持多少，看到披露减持，短线资金都不会再次拉升。

此时大概会有20~25只股票，第二步是进行技术面复盘，进一步进行精选。

二、精选的具体操作

（一）成交量

一般来讲成交量是不固定的，比如大熊市中很多大游资都消失了，市场缺少资金，总量在 5 千亿元左右，基本不会上万亿元，在这样的市场环境中，如果一只个股当日的成交量在 10 亿元以上，那么很难实现连板。因为市场没那么多资金能接住，交易没那么活跃，可以不用关注，通常只关注 5 亿元以下的品种。

举例：第一天成交量 10 亿元，第二天不能差太多，不能缩一半直接变 5 亿元，但是在大熊市中第二天还要保持 10 亿元非常难，所以在大熊市中我们关注 5 亿元以下的品种。

（二）个股 K 线图

K 线图对我们的交易有很强的指导意义，个股的 K 线技术面分析包含的内容非常多，比如上影线战法、涨停连板、技术形态、道氏理论等，后面专门有一系列课程重点分析 K 线。

（三）个股换手

这里的个股换手与粗选时只选换手最大的情况不一样，这里是针对我们粗选出来的所有个股，来看它们的换手优劣。

我们知道，换手决定高度，对于已经处于缩量加速的个股，第二天是不能轻易接力的，因为缩量加速代表之前进场的都是大把的获利筹码，一旦遇到任何波动，获利筹码直接就会获利出局，它们不会想尝试更高的高度，一定想落袋为安，变成真金白银才是真的赚钱。如果获利筹码砸起来，市场资金接不住就是大"面"。

一只个股的首板都是有换手的，这个换手率通常比前 10 个交易日的平均换手率要大，甚至在两倍以上，这就叫作放量换手板，简称放量板。如果第二天连板，换手率与第一天接近，就叫作平量板。到了三板，因为是龙头，出现了加速，换手一下缩了一半，这时候就叫作缩量板，那么第四

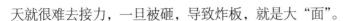

天就很难去接力，一旦被砸，导致炸板，就是大"面"。

所以对于已经缩量加速涨停的个股，第二天可以关注，但是不要轻易接力，多关注有放量或者平量的个股。

对于短线来说换手很重要，一只能持续走强的个股，一定是换手涨停上去的，也就是人人可以参与，大家持股的筹码成本逐步抬升，不会造成底部资金获利巨大，这种股就属于筹码结构好，通常会走得更高。而起步从二板开始直接缩量的板，通常比较难走远。

比如我们经常看到一字板上去的，确实很强，但是换手不够，一次性涨上去往往走不出第二波，或者它需要经过很长时间的高位调整，才能走出第二波。在这种行情中，其实并不比一只不停换手上去的股票好，而且"妖股"往往出现在换手上去的个股里。

小结：通过第一轮的粗选和第二轮的技术面精选，这个时候我们对复盘的个股已经进行了优化，已经没有多少只了，而且都是市场中非常强的个股在你手上，结合龙虎榜将这些股票再筛选一下，就完善了你第二天需要重点关注的个股。这里要强调一点，对于第二天重点关注、准备参与的品种，第二天到底能不能买、怎么去买，是低吸还是打板、半路参与，这些涉及第二天交易的内容，我们在后边的课程中讲述。今天主要讲的是，如何通过复盘板块和个股，选到那些值得我们第二天重点关注的品种，抛弃那些"一日游"以及不值得接力的品种。

三、龙虎榜

（一）披露原则

看龙虎榜主要是给第二天的操作提供参考，从中学到大资金的交易手法，并在当中找到获利的机会或方法。

今天我们就来学习如何看龙虎榜。很多人不明白龙虎榜怎么看，我们先讲一下它的披露原则，你玩一个游戏首先要知道它的游戏规则。

龙虎榜的披露原则如下：

（1）涨跌幅偏离值达到 7%；

（2）振幅超过 15%；

（3）3 天内涨跌幅累计达到 20%；

（4）换手率达 20%。

满足上面条件任何一个条件，包括沪市排名前三、深市前五，每天都会披露到龙虎榜，其中 90% 都是没用的，只要 10% 有用，那么龙虎榜对我们就有用。我们要做的就是找到能够对第二天交易提供指导的龙虎榜中有用的那 10%，并进行利用，这才是重点。

（二）看龙虎榜的意义

1. 看参与者是游资还是机构

复盘时通过观察龙虎榜，选出的第二天可能要参与的股票，看它是机构还是游资主导。一般榜单为两种：机构主导以及游资主导。

交易特点：

（1）纯游资的票一般都是题材热点票，都是短线操作，它们只关注个股超短线的走势，"妖股"通常出自这里。游资经常今天买，明天赚钱就卖，一般进出周期在 1~3 天，除非是龙头特别好的票，否则 1~3 天就会有回调。

（2）机构参与的票一般基本面比较好，它们看重个股的中线趋势，它们操作的习惯是一般买入后，短期内都会持有不会卖出，短期内问题不大。当天机构开始进场，你第二天跟进去，基本上问题不是很大。在上榜之后的几天内，这部分筹码即便获利了，机构也不急于兑现，没有 1~3 天的时间周期，它们的时间周期会拉得长一点，所以当市场不太好时，参与榜上机构主导的个股往往是不错的选择。

注意事项：

（1）如果是纯游资参与的股票，复盘时要比较一下买卖双方的力度，纯游资参与的股票往往不看技术面也不看基本面，纯粹是资金为王。买方前五总金额大于卖方前五，证明承接好，这只股票接下来继续涨的概率大，但是买一和买二的金额差不能太大，也就是不能形成买方独食板，吃独食在市场中是不行的，独食意味着抛压大。

独食板就是一个涨停板的龙虎榜，买一直接是买二的 3 倍以上且占总成交量的 10% 以上都算独食。

我们常说市场能做强做大，往往都是资金合力与市场合力，个股吃独食，某一方获利特别大，那就没有办法继续做下去，没有人愿意接盘。

（2）如果龙虎榜有机构参与，一般买方机构数量越多越好，因为机构都是有锁仓预期的，而且多家机构进驻的个股基本面都比较不错，符合市场调研评价标准，市场的集中关注度都在这一只个股上，通常容易走出一波趋势行情，时间周期至少都在半个月以上。在交易中，如果题材票没有太好的机会，我们就可以考虑和机构玩，虽然机构的获利幅度低一点，但是胜在稳健。

2. 看参与者的交易特点

游资和机构都是人，都会失误，但在被套后，游资通常不会自救，只会"割肉"，千万不要寄希望于游资来救你。大家经常看到龙虎榜上，知名游资也是亏钱卖股，特别是短线，该"割肉"就"割肉"。

每年市场都会出现 1~2 个明星游资，一般从它们出现开始，半年时间内它们的成功率非常高，你要注意看市场里哪个游资特别厉害，复盘时关注它最近做了什么股票、什么位置进出场、获利多少，这些"三大报"经常会有。明星游资成功率非常高，跟着它们所选的股票去做，赚钱会非常容易。

时间点也很重要，只限于半年时间内。复盘的时候看一眼，看它们参与了哪些股票、什么位置进出场等，越早发现越能让你获利，越晚进去就成接盘了。

3. 寻找主力踪迹

如何尽早发现高成功率的席位呢？发现后怎么跟随呢？

做短线主要关注市场的龙头股或"妖股"的龙虎榜，看看席位里都有谁参与了，并且要注意它们何时进场的，是首板就参与了还是二板进场的，抑或是 3~4 板去接力的。

不同的游资风格和特点都不一样，你要进行区分，比如你跟了赵老哥、作手新一、张建平肯定不一样，有些做趋势，有些做低吸，有些只做强势股的反抽，所以说一定要看一下席位都有谁参与，这个非常重要，这些以前要自己去摸索，现在各种资讯网站都总结归纳好了，你只要去查一下就行，查找并不困难。

然后再去看看参与"妖股"的席位近期都参与了哪些个股，重点放在那些连续赚钱的席位上，如果你发现某个席位连续参与了 3 把龙头股都是大赚的，那么这个席位就可以重点跟踪，这个游资你就可以跟着去做，等到它再次参与某个股时，如果你能在当天就通过盘口排单确认是它，就可以在盘中直接参与，或者盘后通过龙虎榜发现它们入场后，第二天开盘直接跟随也可以，简直就是赚大了，这就是轻松地跟着明星游资去赚钱。

这种跟随越快越好，越早溢价越高，而当你发现这个席位后期连续 2 笔操作都开始亏钱，那就是亏钱效应产生了，行情有效性丢失，就不要参与了。

小结：关于复盘，晚上就看这三点，先粗选再精选，最后把精选出来的股票去龙虎榜比对，你就会发现整个市场行情在你眼中一目了然，第二天做交易的时候，就按照你之前复盘的这个交易计划去做。

第十七课　K线的秘密

大家都知道通过 K 线图可以简单、直观地分析股价的走势，K 线图起源于日本德川幕府时代，被当时日本米市的商人用来记录米市的行情与价格波动，后因其细腻独到的标画方式而被引入到股市及期货市场中。

通过 K 线图，我们能够把每日或某一周期的股市行情完全记录下来，形成反映股价走势的一种图线，在图上即形成一种特殊区域或形态，不同的形态显示出不同意义。

每根 K 线记录了多项讯息，相当易读、易懂且实用有效，广泛应用于股票、期货等行情的技术分析中，被称为 K 线分析。我们可以从 K 线形态的变化中摸索出一些有规律的内容。

一、K 线的基本概念

（一）定义

K 线是一条柱状的线条，每一根 K 线皆由实体和影线两部分组成，实体较影线粗，影线则依附于实体的上下两端。影线在实体上方的部分叫上影线，下方的部分叫下影线。其中，实体部分记录当天的开盘价和收盘价，影线部分则记录当天的最高价和最低价。

（二）K 线的特点

K 线的长短取决于价差，若开盘价和收盘价的差距越大，则实体部分就会越长。实体分为阳线和阴线两种，当天收涨就是阳线（见图 75），收跌就是阴线（见图 76），一根 K 线记录的就是某一天股票的价格变动范围。

将某段时间内的各单位时间的 K 线综合起来便可绘出 "K 线图", 其横轴为时间, 纵轴为价格。

图 75

图 76

K 线图是进行各种技术分析最基础的图表, 我们研究 K 线, 并不是简单地看一根 K 线, 关键是要看几根 K 线的组合。K 线的研究侧重于若干天的 K 线组合情况, 比如根据二根、三根或者更多的 K 线来推测证券市场多空双方力量的对比, 进而判断市场多空力量谁占优势、这种优势是暂时的还是阶段性的。

二、单根 K 线形态

新手股民掌握 K 线的基础知识是进入股市必须经历的阶段, 单根 K 线形态就如同汉语中的拼音一样, 必须牢牢掌握。在 K 线走势图中, 每个趋势都是由单根 K 线走出来的, 每根 K 线都有各自的市场动态, 可以据此初步判断行情走势。

（一）光头光脚阳线（强势）

这种 K 线表示最高价与收盘价相同，最低价与开盘价一样，上下没有影线，表明从一开盘买方就积极进攻，代表极端强势上涨，一直到收盘买方始终占优势，价格一路上扬后市看多。市场中最强的就是涨停板，在 K 线图中表现为非常明显的一根大阳线，多方占据强势。具体如图 77 所示。

（二）光头光脚阴线（强势）

光头光脚阴线表示开盘价即成为全日最高价，而收盘价成为全日最低价，上下没有影线，一开盘卖方就占绝对优势，握股者不限价疯狂抛出，造成股市恐慌心理，呈现一面倒的局势，直到收盘价格始终下跌，最终以全日最低价收盘，空方占据主导优势，极端强势下跌，后市看空。具体如图 78 所示。

图 77

图 78

（三）大阳线（较强势）

大阳线是走势图中最常见的 K 线，最高价略高于收盘价，最低价略低于开盘价，上下没有影线或影线很短。从一开盘，买方就积极进攻，中间也可能出现买方与卖方的竞争，但买方发挥最大力量，一直到收盘，买方始终占优势，使价格一路上扬直至收盘。股价强势上涨，当天上涨没有达到最高点略微回落，但最终还是上涨。具体如图 79 所示。

（四）大阴线（较强势）

最高价略高于开盘价，最低价略低于收盘价，上、下影线非常短，该K线形态的出现多表明卖方占优势，股市处于低潮，多方在空方打击下节节败退，直到收盘，股价始终下跌，表示强烈的跌势。具体如图80所示。

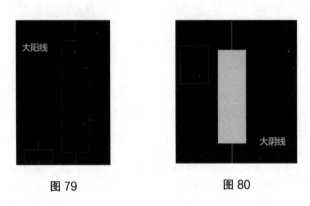

图79   图80

（五）光头阳线

K线实体没有上影线，当日的收盘价就是最高价，一般表示当日开盘之后，股价由于空方反击进行下探，随后又被拉升上去，形成了下影线。

如果在低位出现，投资者可适当买入。

如果在上涨途中出现，可能表示股价上行时遇到空方的打压，但是多方又迅速拉起；虽然多方占据主导地位，但股价不一定就会上涨，还要根据股价所处的位置进行判断。具体如图81所示。

图81

（六）光头阴线

K线实体没有上影线，开盘价是当日最高价，一开盘卖方力量就特别大，股价一直处于下跌状态，但当跌到低位时，受到买盘力量的推升，股价得到支撑，由此股价可能会形成反弹。

光头阴线实体部分与下影线部分根据长短不同可以分为三种情况：

（1）实体部分比影线长，表明卖压比较大。一开盘，股价大幅度向下，在低点遇到买方抵抗，买方与卖方发生激战，影线部分较短，说明买方把价位上推不多。从总体上看，卖方占比较大的优势。

（2）实体部分与影线同长，表示卖方把价位下压后，买方的抵抗也在增加。但可以看出，卖方仍占优势。

（3）实体部分比影线短，表示卖方把价位一路压低，在低价位上，遇到买方顽强抵抗并组织反击，逐渐把价位上推，最后虽以阴线收盘。但可以看出，卖方只占极少的优势。后市买方很可能会全力反攻，把小阴实体全部吃掉。

具体如图82所示。

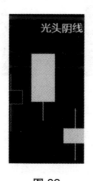

图82

（七）光脚阳线

K线实体带有上影线，开盘价即为全天最低价，开盘后买方占据明显优势，股票价格不断攀升，较强势上涨，但在高位多空双方有分歧，股价下跌，最终仍以阳线收盘，买方力量占优，影线代表遇到空方反击，注意压力。

光脚阳线出现在不同位置的区别：

如果在低价位出现光脚阳线，且实体部分比影线长，表面买方开始聚集上攻能量，进行第一次试盘。

如果在高位出现光脚阳线，实体部分比上影线短，表面买方上攻能量开始衰竭，卖方能量不断增强，行情有可能发生逆转。

具体如图83所示。

（八）光脚阴线

光脚阴线是一种带上影线的阴线实体。收盘价即成为全日最低价。开盘后买方稍占据优势，股票价格出现一定涨幅，但上方抛压很重，空方趁势打压，使股价最终以阴线报收。具体如图84所示。

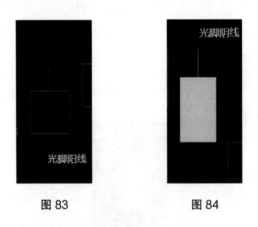

图83   图84

光脚阴线出现在不同位置的区别：

如果在低价位区域出现光脚阴线，表明买方开始聚积上攻的能量，但卖方仍占有优势。

如果在高价位区域出现光脚阴线，表明买方上攻的能量已经衰竭，卖方的做空能量不断增强，且占据主动地位，行情有可能在此发生逆转。

以上是单根K线的含义和形态，可以归纳总结为：

（1）阴线的实体越长，越有利于下跌；相反阳线实体越长，越有利于上涨。

（2）连续上涨后，谨防盛极而衰，连续强势的下跌后，可能否极泰来。

（3）指向一个方向的影线越长，越不利于市场价格今后向这个方向变动；上下影线同时长，则说明多空双方战斗剧烈，最后持平，后市不确定。

（4）十字星的出现往往代表的是一种过渡信号而不是反转信号，多空双方势均力敌，向上、向下都有可能，代表市场暂时失去方向。

三、K线的反转形态

（一）定义

反转形态并不是说趋势一定会发生反转，而是特指经过一段时间的连续运动后，近期可能不再向原有方向前进，可以横向整理，也可以反向运动。

我们研究K线图，关键点就看K线图的反转形态。一般来说，K线图都具有正反对应的特点，即有一个顶部的反转图形，就一定有一个正好相反的底部反转图形，我们把这一点研究透彻，就能够找到相应的阶段性的高低点。

（二）反转形态分类

1. 乌云盖顶（卖出信号）

定义：由两根K线组成，经常发生在一段上升行情的顶部。股价经过一段时期的上涨后，在相对高位出现了一根中阴线，并且一举向下突破了前几天K线的高点，形成了有力的向下攻击，经常出现连续两天的向下调整。

它意味着空方像乌云一样压在市场上方，由一连串上涨线、一根高开且向下穿透至前一日阳线一半以下的中阴线构成，明确看空后市。

通过图85可以看到乌云盖顶的形态非常清楚，前期调整过后出现一根大阳线，但是由于上方压力过大，涨不动了，之后马上出现一根大阴线，吃掉或部分吃掉了前面的大阳线，这种形态就是乌云盖顶，一旦出现乌云盖顶，比较谨慎的投资者要先卖出，因为后市情况不明朗，这是一种卖出信号。

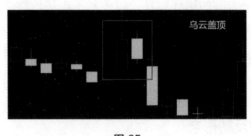

图 85

2. 旭日初升（买进信号）

定义：股价长期处在市场低位，经过调整之后出现了一根中阴线，紧跟着第二天出现一根阳线把阴线吃掉，阳线的收盘价高于阴线的开盘价。

出现这种形态意味着多头开始反击，但是如果中阳线没有插到前一日阴线的一半位置，则旭日初升形态不成立，毕竟下跌很容易，上涨则相对更难。

如图 86 所示，连续下跌以后，先出了一根中阴线，紧跟着出现一根中阳线，吃掉了阴线，下跌趋势被改变，后市走平，强势一点将出现反弹，这是一个非常明确的转折信号。

图 86

3. 倾盆大雨（卖出信号）

定义：经过一段时期的上涨后，市场突然出现了一根中阴线，阴线的收盘价低于阳线的开盘价，将前一日的阳线全部吃掉，于是后市进入下跌时期。

这种形态对多方极为不利，出现该形态之后，意味着股价走坏，要遭受暴风雨一般的打击，是一种更强烈的卖出信号。

如果上升趋势末端出现倾盆大雨形态，由于空方力量太强，一般情况股价会迅速跌破支撑，直接进入下跌方向。

如果该走势形态出现在连续下跌的底部，则有可能形成"最后的吞没"，即意味着空头是最后的放量，它一跌，马上就会形成否极泰来的多头行情。

如图87所示，连续上涨之后出现了一根大阴线，一般认为是看空后市，但是如果行情长期处于低位，走出这种形态往往是最后一跌，即从这种形态中可以看出阶段性的高低点。

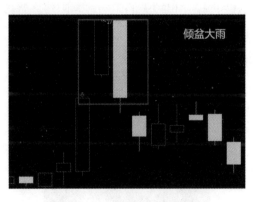

图87

4. 艳阳高照（买入信号）

定义：股价经过一定时期的下跌，突然出现一根大阳线，将前一天的阴线吞没，意味着多头开始发力，底部来临，后市看多。

如图88所示，连续下跌以后，一根大阳线吞掉前面一根或几根阴线的下跌空间，代表多头强势反击，阶段性底部出现，市场将会走好。

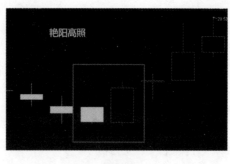

图 88

5. 顶部孕线（卖出信号）

定义：股价经过一段时期的上涨后，市场中出现了一根中阳线，随后获利回吐盘开始涌现，股价下跌，于是出现了一根上下实体都没有超过中阳线范围的阴线，形成阴包阳的"顶部孕线"，后续抛盘接连出现，空方占据优势，导致慢跌之势。

如图 89 所示，先出现一根较大的阳线或者阴线，紧接着出现的 K 线在前一根 K 线实体范围内，好像包含在其中。

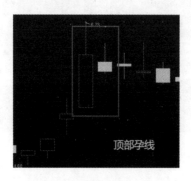

图 89

股价经过连续上涨，涨不动了出阴线，开始进入横盘震荡或下跌阶段，相较之前的卖出信号形态，孕线强度相对弱一点。

需要注意：这根被"孕"在前一根 K 线怀抱里的线，是阴线或阳线、有没有影线都不重要，主要看后一根 K 线是否包含在前一根 K 线内部。出现这种形态，说明股价上涨势头不及过去明显，后市有可能横向整理。

6. 底部孕线（买入信号）

定义：股价经过长时间下跌后，跌不动了，出现一根阳线，阳线实体全部包含在阴线实体内，但不是特别强势，说明多方开始反击。

需要注意：底部孕线是我们需要密切关注的，出现阳线后，往往需要结合之后的K线，观察K线组合形态，通常会形成比较经典的K线形态，如"早晨之星"，出现阴线、十字星、小阳线或大阳线的经典形态，则具体如图90所示。代表着底部来临，市场开始上涨。

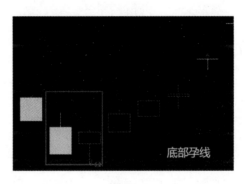

图90

7. 黄昏之星（卖出信号）

定义：市场经过一段时期的加速上涨后，股价在某日跳空冲高，之后遭到大量的抛盘，被打压成一根带有影线的星线，次日中阴线收盘，跌到了前一天阳线的开盘价附近。

如图91所示，它由一根中阳线、一根跳空高开的星线（十字星）、一根切入前天阳线1/2以下的中阴线构成。十字星代表中继形态，但涨不动了就要下跌。紧接着出现一根阴线，构成了三根K线的组合"黄昏之星"，代表着市场被看空，形成阶段性高点。

这是非常经典的K线组合，实战意义很强，一定要记清楚：阳线之后出现十字星，接着出现阴线，都是阶段性的高点。

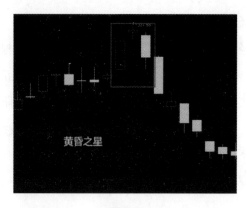

图 91

8. 早晨之星（买进信号）

定义：先出一根阴线，第二根跳空低开，形成十字星，紧接着出一根阳线，阳线实体进入阴线实体内部，与黄昏之星相反，阶段性底部出现，强烈看好后市。

需要注意：这种形态在市场中很常见，要仔细体会与黄昏之星的区别。当我们记住了由这三根 K 线组成的早晨之星、黄昏之星，在今后判断股价的阶段性走势时，就会十拿九稳。

具体如图 92 所示。

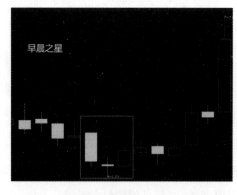

图 92

9. 顶部岛型反转（卖出信号）

定义：股价持续上升一段时间后，某日突然出现一个跳空高开的缺口，尾盘收星线，紧接着又是一个跳空低开低走，或者横盘数日后再跳空低开低走，两个跳空使上面的星形成了一座孤岛，与黄昏之星比较相似。

需要注意：有时顶部的形成并不是由一根K线构成，也有几根K线组成，意味着上方可能连续调整几天，上不去之后出阴线，上涨趋势被彻底破坏，后市不看好。

具体如图93所示。

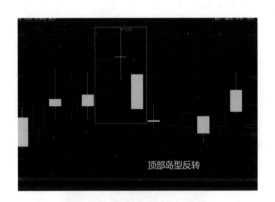

图93

10. 底部岛型反转（买入信号）

定义：连续下跌以后，出现跳空小阴线或小阳线，此时形态并不明确，之后出现跳空阳线，中间部分被两个缺口隔开，形成一座孤岛。与启明星比较相似，含义与顶部岛型反转相反。

需要注意：底部可以由一根K线组成，也可以由多根K线组成，说明多空双方进行着激烈的斗争，最终趋势有利于多方，出了一根跳空上行的大阳线，代表着阶段性底部出现，一般来说这是非常明显的买入信号。

具体如图94所示。

图 94

11. 三只乌鸦（卖出信号）

定义：当市场上升到某一阶段时，少部分人开始获利出局，K 线图出现向下连续的三根阴线，即三只乌鸦，中间没有阳线，股价高开低走，几乎每根 K 线收盘价都低于上一根 K 线收盘价，表明空方力量强劲，空方占优。

如图 95 所示，先出现小阴线，而后落袋为安的人越来越多，于是出现了三连阴，空头开始步步紧逼。

图 95

需要注意：在高点出现了三只乌鸦，一定要谨慎，因为在高点，第一根阴线观察不到位没有跑，后面连续调整了两天，这时就不要再抱有任何幻想了，先出来，防止后面再出现大跌，如果没有跑那就被套住了。

12. 红三兵（买入信号）

定义：股价连续下跌一段时间后，处于市场底部，之后出现了三根连续的小阳线或中阳线，依次上升，后市看涨，是一种强烈的市场反转形态。

如图96所示，出现了红三兵形态，价格突破了一个重要阻力位，形成上升行情。持续上涨代表抛压已尽，底部来临。

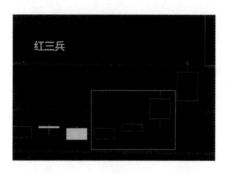

图96

四、K线的核心秘密

通过上面介绍的几种K线形态，我们明白，在反转形态中，顶部反转的灵验程度比底部反转要高，这是因为恐惧比贪婪更能影响人的想法，从而造成市场价格剧烈波动。

此外形成顶部的时候，往往会出现上涨难而下跌快的情况，因为市场要维持上涨状态，就必须不断有新买家入场，要有增量资金；而市场如果要下跌，却可以无量下跌，如同物体会因自身重量而加速下坠。

经过介绍，想必大家对反转形态有了一个清晰的理解。

小结：我们在实际操盘过程中，通过K线图判断市场的趋势，首先，可以依据单根K线，做一个初步的筛选；其次，更重要的是通过2~3根K线的组合来做判断，看最近的股价形态和趋势会不会出现改变。上面给大家介绍了几种经常出现的、比较经典的K线组合形态，代表着阶段性的高点和低点。

今天为大家介绍的是 K 线的秘密中最常见也是最基础的知识，大家一定不能忽视，要经常运用，做到烂熟于心，在今后的实盘中一定会有很大的帮助。

第十八课　分时涨停秘诀

我们做股票投资，关键一点就是要找到市场中的龙头品种、最强的热点板块中的核心龙头。这是从日线的角度来谈选股，更侧重于盘后复盘或者从中线角度出发。其实，作为短线操盘选手，在实战中如何捕捉到强势股的盘中涨停机会才是最为关键的，这是很过硬的一个实用技能。

本课我们着重探讨在分时走势的过程中，也就是盘中的时候，涨停板是如何产生的、大概有几种类型，以及相关的操作技巧。

一、分时涨停的总体分类

确定一只个股后续是否具备涨停的条件，其中外部条件要看大局观、情绪周期、资金的流通情况等，所有的有利因素反映在个股上就表现为封板涨停。如何在第一时间捕捉涨停板，其实关键在于散户的介入时机。

所谓 K 线分时图抓涨停股，是指在盘中通过观察个股涨停前的分时走势形态，结合对以往实战中经典图形的总结，类比符合涨停条件的分时走势图形态，从而及时捕捉到具备涨停潜力的个股。

我们把分时涨停大体上分为五种类型：①台阶式涨停；②斜推式涨停；③脉冲式涨停；④震荡式涨停；⑤其他类型涨停。这五种类型是由强到弱、由主到次的关系。重点关注前两种模式，大家要仔细观察，如果能把这几种涨停的类型都熟知，并且灵活地运用，那么你在盘中也能轻松地抓到涨停板，找到市场的强势股，成为短线操盘高手。

（一）台阶式涨停

1. 台阶式涨停概念

（1）定义。股价经过一波拉升后，在一个相对较小的水平价格区间内休整，然后再次拉升，依次反复运作，最终拉升至涨停板。

（2）意义。台阶的形成让散户投资者进行场内外的充分换手，以抬高散户投资者的持仓成本，同时洗出不坚定的持仓者，以减轻后期拉升的抛压，因此在分时走势上会形成类似于台阶的形态。

由图97可见，股价刚开始处在低位没动，拉起一波后，在第一平台横盘震荡，称为第一个台阶，随后在形成第二个台阶，也有可能形成第三个台阶，后面到达涨停。

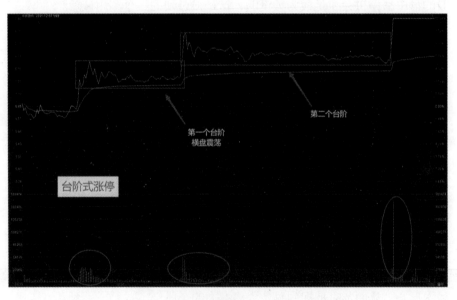

图 97

台阶式涨停是最普遍、最常见的一种涨停方式，大家要熟悉并学会辨别。在以后的交易过程中看多了涨停板就会发现，它们大多数都与台阶式涨停密切相关，一个台阶然后休整，紧接着又一个台阶休整，最后涨停。

2. 台阶式涨停分类

（1）按台阶高低分类。高位台阶：股价拉起后，如果离开盘价很高，涨了 4~5 个点或更高。低位台阶：1~2 个点。

（2）按是否跳空分类。跳空台阶：股价跳空上涨后形成第一个台阶。无跳空台阶：平稳上涨形成台阶。

（3）按台阶数量分类。分为单台阶和双台阶。多台阶指多于两个台阶。

（4）按台阶时间分类。早台阶：开盘后 5 分钟内，马上上攻形成的台阶。中台阶：午盘前后形成的台阶。晚台阶：尾盘形成的台阶。

这几种台阶定义，非常简单明了，大家一看就明白，下面的内容是我们要着重关注的。

3. 影响台阶式涨停的因素

（1）是否有跳空。

（2）台阶高度。

（3）台阶厚度。

（4）台阶长度。

（5）台阶形成的时间。

（6）台阶的数量。

（7）台阶的整理形态。

（8）台阶攻击波角度。

（9）分时走势与平均价格线和量能的三角关系。

这九大因素基本上涵盖了台阶式涨停秘诀。在实盘中，观察、分析、判断一只股票到底强不强，就主要看这九大因素。

如图 98 所示，开盘后直接上攻，略微震荡，紧接着拉了一波，调整几分钟后直接拉涨停，这种走势就是最强的，在实盘中选择最强的就是最好的操作。

台阶的高度

细节比较
选择最强

图 98

小结： 关于台阶式涨停，我们关注这九大因素就差不多了。从以往的实盘过程来看，我们要结合这九大因素，整体全面地分析一只股票，做到灵活运用。

看一只股票到底强不强，其实没必要搞得很复杂，在实盘过程中的具体步骤如下：

（1）从时间上观察，在盘中比较一下哪只股票最先上涨。

（2）看台阶的高度，涨得越快，台阶的高度越高。

（3）看台阶的厚度，越厚的台阶越强。厚度越小，比如涨到 5 个点又回到 3 个点，振幅比较大，就没有那么强，真正的强势股，涨到了 5 个点，略微休整，连 4 个点可能都不回撤，很快就冲上去。这就是台阶的时间、高度、厚度。

（4）看有几波台阶，最快的股票一波就上去了，直接一波封涨停，甚至一字板都很常见，台阶越少越强。

（5）量能的影响，如果底部量能放量巨大而封涨停，代表非常强。

为大家介绍观察台阶式涨停的步骤之后，我们在选择台阶式涨停的时候，就有了非常清晰的方向，哪个最强看得很清楚。同时综合前文所讲的九大因素去考虑，也就非常容易操作了，我们要做的就是找到最强的品种。

关于台阶式涨停中的一些变数，我们以图99为例来说明，是指在没有涨停之前，台阶冲上去后会有一个震荡盘整的过程，往往会形成三角形，如上升直角三角形，高点是固定的，底部逐渐抬高，到台阶尾端紧接着再上一个台阶，之后又走出一个收敛三角形。我们需要做的就是选择强者、关注末端、择机介入。

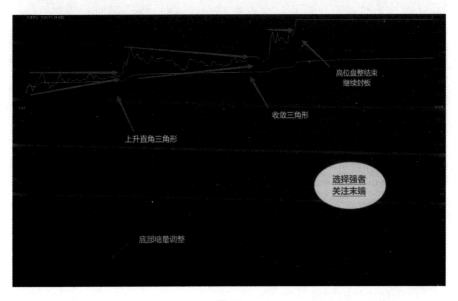

图 99

这里有一个关键点，就是买点的位置，买点其实就在三角形的末端。上升直角三角形箭头所指的位置，无论是创业板20CM涨幅，还是普通股票10CM涨幅（10%限度），当股价冲到7、8点的时候，大家要密切关注，这时并非是最好的买点，因为你买了之后有可能冲高回落，明天就套在了高位，等它继续封板的时候比较好，也就是箭头所指的方向。选择强者、关注末端，就是在最强的时候关注盘整结束的末端，此时就是最好的介入点。

以图100为例来说明，最强的股票，拉了两拨，形成两个小台阶，早盘10点不到就封死涨停了，走出这种形态的股票就是最强的，要选就选这种最强的股票。

角度接近90度，主力攻击有力！

选择强者
关注末端

图 100

小结： 我们在研究台阶式涨停的时候，起初就找高开的股票，然后观察在开盘几分钟内快速拉升的股票，找到强势股，选择末端，最后择机操作。

4. 台阶式涨停实战

在实际操盘的过程中，把握时机、及时介入非常重要，要结合内外因素综合分析。在分时走势图中，抓台阶式涨停的步骤如下：

（1）涨幅排行。盘中按涨幅（通常在2%~7%）或涨速排列，将初步预定的个股锁定并关注。选择个股的同时考虑大盘、板块、个股形态、中长期均线趋势、前期股性等问题。

（2）量比。找出几只在拉升一波后横向盘整的个股，同时注意当天的量比情况，量比越大越好，至少是昨天的两倍。

（3）不破加权平均线。在分时台阶整理过程中，最好不破加权价格平均线。股价调整的时候，不要回撤太多。

（4）观察盘口大单。在分时图第一台阶整理过程中，当量能缩到极点量时，压盘大单突然消失被吃，同时伴随着高密度的大单成交，则要立即跟进，选择在末端跟进就是最好的。

一般情况下，只要注意以上这几点，成功率便是最高的。

同时还需注意下面几点，这些秘诀都是经过实战后总结出的宝贵经验，大家一定要仔细领悟，做到融会贯通。

（5）突破压力位。在分时台阶整理过程中，突然放量并突破盘整的压力位时，要立即跟进。当突破重要压力位时，到底能不能涨停，还不确定，最好先跟进，在仓位上可以控制在3层仓左右，否则错过了，就失去了这样的机会。

（6）支撑位。在分时走势图中，当白色价线（在实际交易软件中是白色）调整至接近黄线均线（在实际交易软件中是黄色）强支撑时，可以重点关注并实时分批跟进。

（7）7%原则。对于多台阶式涨停，很关键的一点就是"7%原则"，在后面高位台阶处（7%左右）介入的可靠性远大于在之前低位台阶处介入。一般来讲，当股票涨到7%的时候，往往容易奔涨停，此时一旦出现放量大单吃进的情况，就表明庄家奔向涨停的坚定决心，这时涨停的概率高达90%以上。

而在低位的台阶整理时，因离封板的距离较大，不确定因素也较多，所以其涨停的概率远远低于高位台阶，成功率较小。

（8）早盘高点。最关键的一点，对于在早盘10：00~10：30经过第一波拉升后形成的第一个台阶，介入时要慎重，因为此时往往是当天大盘、板块、个股的最高点。

分时走势抓涨停步骤一共八条，都非常重要，是台阶式涨停战法的关键操作要点，大家一定要认真体会学习，掌握这种最常见的涨停板的实战技能。

（二）斜推式涨停

1.斜推式涨停的概念

（1）定义。斜推式涨停是指股价当天的分时走势中并没有明显的快速攻击波型，也没有明显的停顿痕迹，而是步步为营，一路碎步斜推向上，最后直至涨停板的一种分时攻击形态。

如图101所示，早盘开盘后，股价不断地以小步慢慢往上推，没有大幅地回撤，也没有急速地拉高，不断地有买单，直至最后涨停。它一般是午盘或尾盘后半段涨停，是比较弱的一种涨停方式。

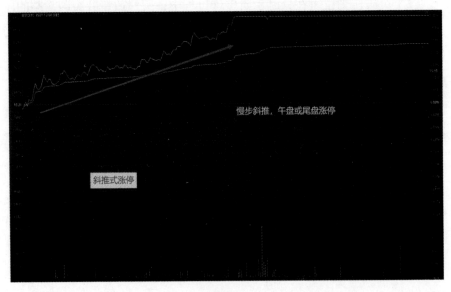

图101

（2）特点。根据斜推式涨停的斜推角度及涨停板的时间，可以将斜推式涨停分为快速斜推式涨停和慢速斜推式涨停。

快速斜推式涨停是指股价从早盘开始就以大于或等于45度角逐波平稳上推，在早盘收市前突然一波拉升至涨停的分时走势形态。

慢速斜推式涨停是指股价在全天的运行过程，始终以小于或等于 45 度角不温不火慢步上推，直至形成涨停的分时走势形态。

2. 斜推式涨停实战

（1）盘口挂单。在涨停前斜推向上的过程中，分时走势往往给人以一种多空双方势均力敌、上升艰难的感觉，但最终结果是股价在不断地上推，多方占据相对主导地位。

在逐波上推的过程中，个股盘口经常以对称蜂窝式挂单为主（也有少数是压迫式挂单），买卖盘交战激烈。

蜂窝式挂单：指买盘和卖盘都有比较大的单子压在上面，看起来不知道股价往哪个方向走，同时看到上面有压力，下方有支撑，实际上这是非常明显的主力操纵股价的一种常用手法。

大家可以想一下，如果上方 1000 手，下方 1000 手，真想成交的话，只需改动一个价格就成交了，实际上就是有意不成交，把价格压在那里，好像一个夹子一样。

压迫式挂单：指在委卖栏中，连续出现三档以上的大卖单，目的是让市场知道该股抛压很大，让散户主动抛出筹码。

通过以往的实战经验可知，能涨的股票，一定是上方压大单的股票。

（2）成交量。斜推式涨停的分时成交量能并没有太过明显的放量与缩量行为，整个过程多空双方的量能基本相当，总体来讲多方量能略多余空方。

（3）起涨时间。起涨的时间越早，并沿着 45 度角往上推，说明主力主动做多决心坚定，后期上涨的动力也相对较强，特别是在早盘就开始斜推起涨的个股，其后期上涨的概率高达 90% 以上。

起涨的时间晚，说明主力主动性做多的决心不够坚定，后期上涨的动力也相对较弱。

（4）斜推式涨停的分时密码。在以往的实战中，笔者研究了大量斜推式涨停的分时图，发现斜推式涨停的一些共性，总结为斜推式涨停的密码与大家分享。散户在交易过程中，如何判断一只股票是否有可能斜推涨停？如何有力地狙击到斜推式涨停？在分时图中，具体的操作步骤有两种：

1）7%法则。所谓7%法则就是指在追击斜推式涨停个股分时走势时，往往在涨幅没有达到7%时进行狙击，当天涨停的概率不高，股价在低位涨了一点，然后又回落了并不是很强，当天不一定涨停。

如果当天涨幅达到7%再进行狙击时，那十有八九会冲到涨停板，此时概率为90%以上。

2）趋势线支撑打击法。因为斜推式涨停的分时走势基本上是按一个固有的角度逐步斜推向上的，所以在进行操作时，可以在分时图上画出分时趋势线，一般是沿着45度角往上推，就以45度角画一条直线，当股价调整到该趋势线时进行狙击。这是一个小技巧，我们就沿着这个角度去操作，也是比较好的方法。

如图102所示，早上开盘后，股价持续不断往上推，于是形成了一个角度线，这是因为控盘主力希望走成这样，每次股价到了角度线附近就开始买，把股价往上推，之后缩量；再开始买，再往上推。这只股票比较强，午盘时间就涨停了，有些票一直推到尾盘才涨停，相对较弱一些。

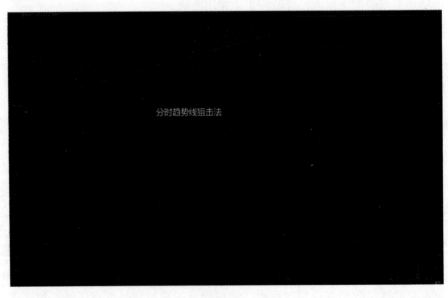

分时趋势线狙击法

图 102

（5）斜推式涨停实战步骤。具体如下：

1）涨幅排行。按涨幅排行榜将沪深两市个股进行排列，着重关注涨幅在2%~7%的个股，找到潜力股，寻找分时趋势是逐步斜推向上的个股。

2）均线多头排列。结合个股的K线走势，再结合大盘、个股所在的板块、个股形态、中长期均线趋势、前期股性等进一步缩小精选个股的范围，尽量保证中长期均线多头，趋势向好。

3）7%法则。在进行分时精准操作时，当股价没涨到一定位置的时候不要随便买入股票，按"7%法则""分时走势的趋势线支撑打击法""分时平均价格线支撑打击法"三种手法进行短线狙击。

4）早盘狙击时间。因10：00~10：30往往是大盘或个股当天分时的最高点，更多的是观察，所以在早盘10：00~10：30时要慎重操作，谨防个股早盘冲高回落。

（三）脉冲式涨停

1. 脉冲式涨停概念

（1）定义。脉冲式涨停是指股价在运行过程中，分时走势突然拔地而起，发起向上的攻击波，类似于脉搏跳动时所形成的冲击波的一种分时走势形态，要求股价单波攻击涨幅在4%以上。

（2）意义。在运作个股的整个过程中，脉冲式涨停经常出现在拉升过程中，往往代表着庄家急于快速脱离成本区、吸引跟风盘、提高散户成本的操盘意图。在这种涨停的背后，往往会有一波不错的涨幅。脉冲式涨停往往是主力开始发起攻击的一种信号，也是主力操盘意图的显现，同时还是主力资金实力和操盘手法的明证。

如图103所示，股票在午盘时被大单突然直线拉起。大家可以想一下，除非有一些极端的消息刺激，否则这种股价走势一定是主力资金的运作，普通散户绝不可能造成股价的这种走势。再看量能，底部至少几千手、上万手的大单向上拉，普通散户不可能有那么多钱同一时间去买，这就是机构开始动手了。

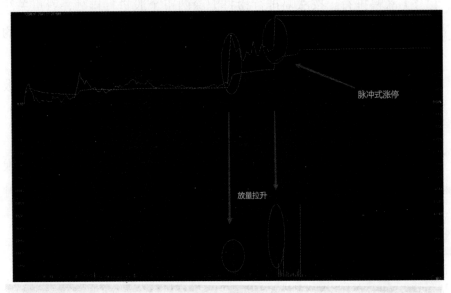

图 103

这种情况，在一些题材股和强庄股中出现的比较多，特点比较明显。股价出现脉冲式涨停往往不是一个脉冲，可能先出一个，后面还会持续有，当出现一个后，要重点关注，胆子大、把握比较高的话，就可以及时地介入。

2. 脉冲式涨停分类

（1）跳空缺口。按脉冲前股价的形态，可将脉冲式涨停分为跳空脉冲式涨停和横盘脉冲式涨停。

1）跳空脉冲式涨停是指股价在进行脉冲攻击前，早盘是跳空的（有跳空高开和跳空低开之分，往往以跳空高开为主）。

2）横盘脉冲式涨停是指股价在脉冲攻击之前，一直处于横向盘整的过程。

（2）脉冲攻击波的次数。按脉冲攻击波的数量划分，可以分为单波脉冲涨停、两波脉冲涨停、多波脉冲涨停。

1）单波脉冲涨停是指股价的分时走势仅有一波脉冲，即奔向涨停。

2）两波脉冲涨停是指股价在上升的过程中稍有停顿或者调整，再快速脉冲涨停，即我们常见的"N"字形态或三浪形态。

3）多波脉冲是指股价在上升过程中，停顿或调整两次及两次以上，平时所见的五浪形态比较多一些。

需要注意：正常情况下，脉冲攻击至涨停的攻击波次数越少，攻击力度越大；攻击波次数越多，攻击力度越小。

如图 104 所示，开盘直接 7 个点，稍整理 1~2 分钟马上拉到涨停，这种走势往往会在最强的龙头股身上见到。跳空脉冲式涨停的出现，预示着这只股票是市场的龙头，但是这种操作的机会比较难，稍微犹豫一下，股票涨停就买不到了。

图 104

出现跳空脉冲式涨停之前，往往都是一字板，那就没办法了，只好干瞪眼，看着主力操作。

3. 脉冲式涨停注意事项

（1）盘口挂单。脉冲式涨停经常出现在股价大幅拉升的阶段，主力经常采用压盘式挂单及蜂窝式挂单，当浮筹清洗基本完毕，突然有大单把压盘吃掉时，就要赶快跟进，这时就是脉冲波攻击之时。

（2）分时成交量。脉冲式涨停的分时成交量有非常明显的不同，在盘整期间的量能呈现极度低量；而当发起脉冲式总攻时，量能瞬间急剧放大数倍，甚至几十倍，往往伴有主力自我对敲的成分。

在逐波攻击期间，最好是后量超前量，以保证上涨动力的持续性，量能要越大越好，至少几千手，如果是上万手，甚至几万手的大单，表明超强主力开始动手了。

4. 脉冲式涨停实战

（1）集合竞价法。对于一波脉冲式涨停而言，在盘中捕捉几乎是不可能的，同时此类个股往往在早盘集合竞价时会跳空高开，所以在早盘集合竞价介入是最好的，但前提是要预先研究好，因为每天都有这样的股票，买错了就得不偿失。

（2）调整介入法。对于两波或多波脉冲式涨停，则其停顿调整时为最佳介入点位。市场中大部分的调整都是技术性调整，坚持以短线进出为主要前提，选择强势股为操作目标，在错过了第一波最佳介入机会后，密切跟踪；当其产生首次回档时，抓住缩量企稳的短暂介入机会来进行操作。

（3）开板介入法. 开板介入法是指在涨停板开板之际进行介入的一种手法，涨停板打开一般称为"开闸放水"，这也是一个介入的机会。

股价在进行大幅拉升之初，为了再一次清洗浮筹，往往会将涨停频繁地打开又封闭，造成场内投资者恐慌，这是一种洗盘的过程，此时如果看好该股的未来，则可趁机果断介入，但运用开板介入法时，开板调整的幅度最好不要超过最后一波脉冲攻击的1/3。

这三种方式的实战意义是由强到弱，详细地介绍过之后，大家对于脉冲式涨停的秘诀和一些关键点就都有所了解了，在以后实战中要灵活运用。

（四）震荡式涨停

1. 震荡式涨停概念

（1）定义。震荡式涨停是指股价的分时走势图中，在经历了较大的震荡幅度后，最终奔向涨停的一种分时走势形态，成交量比其他类型的涨停要明显大。

（2）特征。分时走势大幅度震荡的特征决定了震荡涨停经常出现在个股整个运作过程的底部吸筹阶段和高位出货阶段。

同时也因为其震荡幅度较大，在操作上要难于其他分时类型的涨停板个股。震荡式涨停相对比较弱，在实战中经常会遇到，但主要还是作为我们观察和学习的例子，因为它主要出现在高位或低位，显得不伦不类，如同鸡肋，食之无味，弃之可惜。

2. 震荡式涨停分类

（1）分时走势与大盘分时是否同步。震荡式涨停分为顺势震荡式涨停和逆势震荡式涨停。当然逆势大盘涨停是最强的，如今天大盘跌，股票却上涨，说明做多力量非常强。

逆势震荡式涨停不受大盘的波动而波动，说明主力对整个盘面的控制能力较高，可以随心所欲地按自我意愿操作。

顺势震荡式涨停会因大盘的波动而波动，主力的控盘能力要稍差，所以逆势震荡式涨停要强于顺势震荡式涨停。

（2）震荡式涨停的震荡区间。按震荡式涨停板在涨停前分时震荡的区间进行划分，根据相对位置的高低，可以分为高位震荡式涨停和低位震荡式涨停。

高位震荡式涨停：股价全天大部分时间运行在红盘区，一般会形成两到三个震荡的区域，振幅为 2%~4%，震荡的低位一般不会低于当天的分时均线。最佳进货点在分时图的当日均线附近。

低位震荡式涨停：指股价全天有一部分时间运行在绿盘区，在冲击涨停之前的震荡区间由红绿盘组成，形成泾渭分明的绿盘震荡区和红盘震荡区两个股价运行区间。当然，在低位震荡区间相对安全，高位震荡太久表明上方压力很大。

3. 震荡式涨停的盘口挂单

震荡式涨停因其波动幅度较大，注定其盘口挂单也是变化多端的。一般来讲主要有拦截式大单、夹板式大单、压迫式大单挂单这三种形式。在最后攻击涨停板之前，当盘口卖盘大单被吃掉之后，且伴随着成交量的放大，此时是向涨停板发起冲锋的重要时间节点。

上面介绍的几种涨停方式都有一个共同的特点：当上方压单被吃掉的时候，就是非常好的介入时机，也是主力要拉涨停的强烈信号。大家需要认真总结，在实盘中熟练运用。

4. 震荡式涨停的时间规律

震荡式涨停因为其所处位置的特殊性（经常处于低位吸筹区间和高位出货区间），决定了庄家是有意识地在特意"制造"这种震荡的态势，以达到自己的操盘目的，所以这种宽幅走势的涨停板往往出现在下午甚至尾盘。一般情况下，震荡幅度越大，则涨停的时间越晚；震荡幅度越小，则涨停的时间就越早。

需要注意：通过总结以往的实盘经验可知，一只股票处在低位的时候，主力机构想要拿筹码的方法如下：

（1）大幅震荡，使股价上下波动，一般散户受不了，来回震荡也赚不到钱，最后就放弃了。

（2）长时间地拖，股票遇冷没人管，时间一长散户也就卖掉了。

更多的时候，股价震荡有时间限制，主力机构有资金成本、时间等问题，希望尽快地拿到低位筹码，就会出现震荡，震荡式涨停就是其中的一种，主力机构有比较强烈的想拿到低位筹码的决心和态度。

如果你在低位看到震荡式涨停的走势，就应该明白，这是庄家在吸筹，我们就可以跟进，但不一定马上就会拉升。相反，如果在高位出现震荡式涨停，来回震荡尾盘才涨停，那么表示不是很强，大家要小心，这时候往

往是主力在高位出货。

5. 与其他涨停板的区别

（1）涨停时间。前面三种涨停的时间有不确定性，早盘和下午盘都有可能，而震荡式涨停板一般是在下午甚至尾盘才出现。

（2）涨停板位置。台阶式涨停和脉冲式涨停经常处于个股的拉升阶段，斜推式涨停经常处于个股的吸筹建仓阶段或拉升阶段，而震荡式涨停经常处于个股的低位吸筹阶段或高位出货阶段。大家要慢慢体会它们的区别。

6. 与价格平均线关系

前三种涨停板经常全天处于价格平均线的上方，说明走势非常强，即使在价格平均线的下方，也很容易站上去，一旦站上了价格平均线，一般情况下不容易再次跌破价格平均线。

而震荡式涨停的即时价格线，往往在涨停板之前，在价格平均线上下穿梭，来回宽幅震荡，这种情况就不太容易判断是否会涨停，并且这种走势也是比较弱的。

7. 震荡式涨停实战要领

（1）所处位置。因震荡式涨停经常出现在底部吸筹与高位出货两个阶段，都不是实战操盘中的最佳阶段，低位介入后容易经历主力漫长的建仓过程，难受且煎熬；而高位介入时，则有可能成为主力派发的牺牲品，在高位站岗，所以在实战操盘时要慎重。

（2）依据量能。根据震荡式涨停的震荡区间分时量能以及当天所处的位置，基本上可以判断主力是在吸筹还是在派发，在实战操盘中尽量规避此类风险。

如图105所示，早盘低开，一般强势股都是高开，全天来回震荡，说明走势很纠结，情况不明朗，下午才拉涨停，不是一种很强的走势，这时就要谨慎参与或不参与。

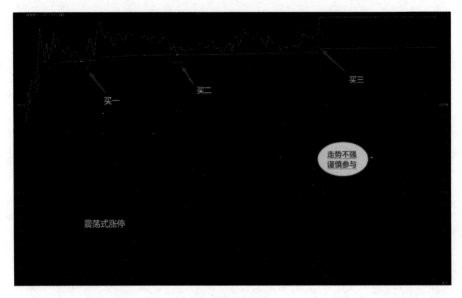

图 105

二、涨停的核心秘密

通过前面对四种涨停板的分析，再依据以往的实战经验，与大家一起分享、揭秘涨停的秘密。

到底什么是涨停的核心秘密呢？盘中某只股票拉升后，能不能涨停？实际上在当时作出判断有一定难度，如果你的准确率很高，就能够成为短线高手。

该如何判断呢？除了刚才介绍的涨停模式的一些特点和在实战中的经验外，还要把握以下三点：

（1）市场热点。实际上所有的强势股，都出现在市场的热点中，市场的热点可以通过基本面消息面反映出来，这些讯息大家要明确，并及时捕捉。操盘时不仅关注 K 线走势，还要抓住市场热点，这样成功率就会提高。不同阶段有不同的市场热点，大家要紧跟市场行情的节奏，通过研报、资讯实时了解当前最热的题材板块。

（2）量能。股价有大单拉升时，成千上万手大单呈现放量拉升，这时成功涨停的概率非常高。

（3）大盘位置。大盘好的时候，很多股票非常容易涨停，甚至本来不够涨停的股票，也来凑一个涨停。相反，大盘不好甚至处在急剧调整的时候，本来能涨停的股票也会开板，甚至主力也不敢拉升了。

以上三点是密切相关、相辅相成的。

今天与大家分享了分时涨停的秘诀，对各个方面包括定义、实战特点等都做了详细的讲解，最后还谈到了三个重要的外在条件。大家要反复研究，多去尝试，熟能生巧，也能成为实战中的短线高手。

第十九课　踏准市场节奏，高低切换

当一个行业、一个概念股被不断地拉伸后，股票的估值就会变高，此时底部的资金已经获利颇丰，所以要及时调仓换股，此时如果主流题材的股票大多数人亏钱，投资者就要谨防股价高低切换。

实际上，高低切换代表着 A 股市场资金深踏的切换，把握住市场进攻的一个节奏，无疑可以规避掉不必要的风险，寻找到市场新的突破口。

一、高低切换的概念

（一）定义

主力资金低位购入股票，股价开始上涨，当股价的估值过高后，它们就会派发手中的筹码，去投资一些优质的低价股，高位股就会下跌，而低位股就会出现补涨的情形。

（二）本质

在主线题材炒作过程的末期，高位品种出现滞涨或是出现亏钱效应，代表着主流资金偏好逐渐从高位向低位转移。

（三）高低切换的特征

1. 切换的方向

（1）从原有主线热点题材的分支进行切换。比如，之前爆发的锂电池板块，由于涨得过高，随后切换到锂矿、电解液、盐湖提锂这几个分支上。

（2）整体题材的变动，切换到市场出现的新题材。市场资金不再炒作热门题材的高位股，而是统一切换到低位股。如之前的医美板块熄火之后，科技股进行了顺利的承接。

2. 切换的空间

某一个题材内部的高低切换。一直在风口上题材会出现高位止涨，资金会转移到题材内的低价股上面，从高位切换到低位，这种情况下一般关注低位的首板或二板。

当热点板块高位出现亏钱效应时，就出现高低切换的时间节点。出现这种高度切换的节点，也就意味着新周期的启动、旧周期的结束，资金转向低位股。我们一定要抓住这个难得的蜜月期，密切跟踪新一轮的行情，这时选择做低位补涨股。

二、高低切换的意义

当切换节点出现的时候，诞生的首板股就是高低切换的重中之重，重点是回避了高位的补跌风险，与其说是高度切换，不如说是为了风险转移，往低风险去切换，回避高位调整。

因为在切换节点发生的时候，龙头都无法抗住市场压力，那么整体的情绪氛围会比较差，亏钱效应逐渐扩大，在这样的环境下诞生的这批首板就彰显了其的强势，同时也显示了它们未来的走势，所以这就是高低切换的根本。

至于为什么要做高低切换，自然是因为原有的高位赚钱效应难以为继，高位的那一套操作不好做了，资金重新选择引导做低位股。

破局的方向是低位，去低处寻找机会。如果高位赚钱效应很好，例如，前期的顺控发展连续涨停板，整个市场的连板梯队高度基本上都提到 7~8 板的空间，毕竟龙头股打开了新的市场空间，那么后排也效仿着龙头股往上冲。

这个阶段赚钱效应非常强，特别是连板品种带来超高的溢价，此时连板率也是非常高的，即使断板，次日还会有资金来做反包，在这种情绪主升浪中怎么做都能赚钱。

三、高低切换的入场时机

证券市场是多空双方博弈的市场，受到各种消息面、资金面的刺激而变幻莫测，牛熊交替，板块轮动，此起彼伏，真是"你方唱罢我登场"，所以任何时候都可以做高低切换，只是不同时期的赚钱难易程度不同，高低切换主要切换的是位置，有龙头股带动更容易获利。

资金做高低切换时，往往有两种心态：

高位出现了亏钱效应，资金去低位避险；

高位出现了赚钱效应，资金去低位模仿。

（一）高位出现亏钱效应

当主流题材出现集体亏钱效应时，就可以开始关注高低切换了。做高低切换时，操作的难易程度取决于主流题材出现亏钱效应后氛围是否好转：

如果主流题材熄火，那么应该重视高低切换；

如果主流题材再度回暖，那么可以留意高低切换，这时只能观察，不能进攻。

主流题材从启动、高潮到结束，往往伴随着两次退潮，之后才会熄火。

1. 第一次集体分化

首次出现亏钱效应时，比如龙头股断板、高位股下跌，市场情绪开始紧张，可以适当地关注高低切换或者底部轻仓布局，此时有部分个股会杀出重围脱颖而出，继续打开空间高度，让赚钱效应继续发酵，但赚钱效应已经大不如前。

中间这次短暂的回暖，可以看作是情绪反抽，反抽力度不及第一波，赚钱效应与第一次相比不及预期。

2. 第二次亏钱效应

延续几天后出现，追涨选手接连失败，越做越亏，导致资金大幅度回落，当大部分人都亏钱时产生了群体效应，高位的强势股市场无力接盘，自然就会下跌，这就是亏钱效应。

上不去就要往下走，空间板高度继续降低，大部分高位股开始出现补跌，亏钱效应逐步扩散蔓延，从高位股到中位股无一不被波及影响，此时可以重点关注高低切换。

经过两次集体分化，基本上确认整个主流题材熄火了。

小结： 高位亏钱效应越加剧，高低切换的关注度越高，越容易给低位股溢价，资金做高低切换的意愿就更高，逼迫高位的资金一致性地向低位转移，这也是低位首板和二板多的原因。我们选择此时入场，抓住高低切换的时机，开始一轮新的行情。

（二）高位出现赚钱效应

当板块龙头打出一定高度后，出现了赚钱效应，此时也可以关注高低切。此时对龙头的高度没有定性要求，但肯定是越高越好，因为龙头持续走高，低位补涨股效仿的潜力和想象力就越高。

如图106～图108所示，前期碳中和的龙头中材节能、华银电力，都打到了7板的高度，已经是当时的"天花板"，之后顺控发展作为整个板块龙头迎来了爆发，把市场高度推到了15板，在这个过程中，"天花板"的高度一次又一次被刷新，市场的总情绪被调动起来，资金不断进场，热点更容易有持续性。在龙头的带领下，后排个股效仿龙头不断攀升，连板数量也逐渐增多，赚钱效应得到有效的扩散。

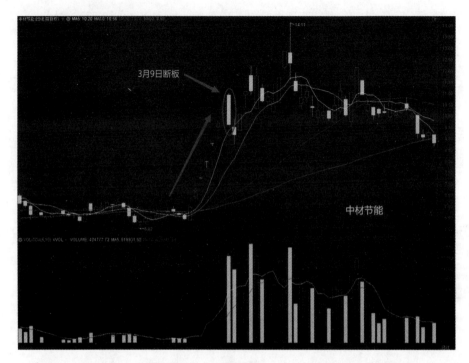

图 106

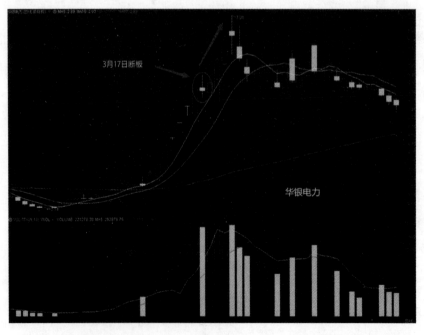

图 107

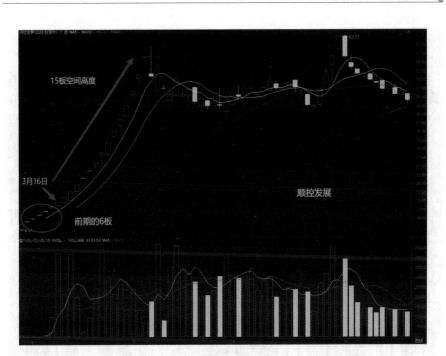

图 108

　　当赚钱效应被传递到后排时，资金随之进入，此时是高低切换重要的时间节点。

　　如图 109 所示，当顺控发展打出了 15 板的新高度时，作为后排补涨的美邦服饰，从 3 月 25 日跟随着顺控发展一起涨，也打出了 9 板的高度，而前期的龙头华银电力是 7 板的高度，当时 7 板就是"天花板"，所以不同时期"天花板"的高度不一样，这也给我们做高低切提供了一个标杆。

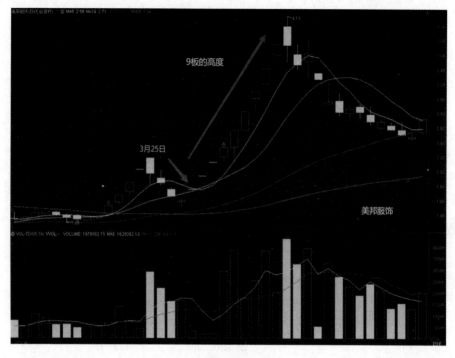

图 109

小结：市场有龙头的带领，后排就会走得越远，"天花板"的高度越高，后排补涨股的情绪就越高，高低切的赚钱效应就越大。

（三）板块内高低切换

关于板块内的高低补涨衔接，主力有个小技巧：当市场出现一个超级大题材、前期的龙头已经见顶时，就要关注哪些个股有补涨龙的潜质。

前期的龙头见顶的一两天内，重点关注市场出现的首板或二板，不宜太早，太早容易被笼罩在前期龙头下，衔接太晚容易错过，板块梯队越完整这种衔接越流畅。

如图 110 和图 111 所示，前期碳中和的龙头中材节能 3 月 9 日断板，华银电力 3 月 9 日走出了二板的"大长腿"，之后一路高歌，接过了碳中和的龙头，带领碳中和板块走出第二波。

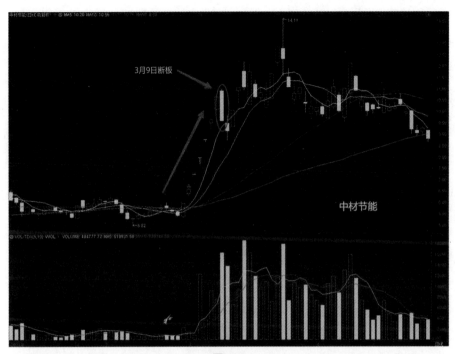

图 110

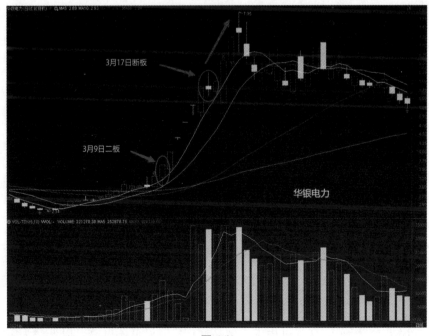

图 111

但并不是所有的题材都会有接力龙，一定是题材热度高、板块梯队完整、市场赚钱效应好的风口展开进攻时，才会有这种规律，才能更好地在板块内部衔接。相反市场情绪不稳定、板块结构混乱、队形不完整时，则很少有这种规律。

小结：板块内部龙头接力的过程，是做高低切换的重要时间节点，对于板块内能扛起龙头大旗的个股就要重点跟进。

四、高低切换的进攻方向

以前期碳中和这波行情为例，在顺控发展的带领下，市场高度到了15板的"天花板"，已经极致疯狂，但即便如此，后排的连板梯队依旧被卡在5~6板的天花板位置始终没有晋级，最后被淘汰，而在平时，连板票的"天花板"往往是4~5板，晋级率非常低，所以高低切换的重点方向是梯队的首板或者2板，市场环境好的情况适当高一些，甚至最多3板。

一提到连板股就有晋级率的概念，晋级率是指连板股的比例，我们需要结合晋级率展开一个切入，这个指标可以告诉我们要切2板、3板，还是4板。

晋级率常用来形容2进3板、3进4板，很少用来形容1进2板，因为首板每天都有几十只，二板高度也不高，所以1进2板难度系数就不大，成功概率高，但是2进3板，就有一定的难度了，看市场环境板块赚钱效应如何，能不能接上去进3板，此时晋级率就显得非常重要。

举例说明：

假如上周五2连板9只，周一3连板3只，晋级率则为33%。

假如周一2连板14只，周二3连板3只，晋级率则为21%。

假如周二2连板9只，周三3连板5只，晋级率则为55%。

假如周三2连板9只，周四3连板2只，晋级率则为22%。

很明显此时做2进3板，难度非常大，不是明智之举，而且不止难度大，容错率也非常低，很容易吃到大"面"。

小结：在未来的交易过程中，做高低切换时做低不做高，以低位为主，

切入那些晋级率最高的，这一点非常重要。

五、做低位连板的注意事项

（一）稀缺性和辨识度

如果是板块内部切换，只需要盯着低位的位置即可，盯着低位补涨潜力股，但如果是板块间的切换，也就是主线题材切换到支线题材，稀缺性和辨识度非常重要。

资金选择题材历来都是喜新厌旧，选择题材时都喜欢当下的热点题材，不喜欢之前炒过的老题材，有了热点关注度就高，市场情绪高涨供不应求，就容易出连板，但新热点不能超过老热点的强度，同样也很难打开高度。而之前的旧题材即便当日有涨停，消息面、技术面都很好，也难走出连板行情。

辨识度主要指板块内部个股的低位、内部梯队层次关系。一般在板块轮动情况下，只需要盯着板块的龙一、龙二、龙三就够了，越往后溢价空间越低，只能做情绪套利，次日冲高获利结束。

如何抓住当下热点，找到稀缺性和辨识度高的个股？可以关注券商的研报，看哪一个分支最具有炒作效应，包括产品的市场定位、产品出现涨价潮，这些都可以作为我们判断的依据。

（二）拿到先手

如果一只股票只涨三天，那么最多有两次操作机会，即第一天和第二天，因为第三天就要跌了，如果它能连涨四天，那第三天也是机会，第四天进入很有可能接盘，所以入场时间非常重要。

当板块轮动、题材高低切换的时候，持续性普遍较低，能炒作三天已经非常强了，要经过市场不断地验证，不断打开市场高度，越往上空间越小，炒作成功的概率就越低。

高低切换时尤其要重视，要拿到先手，尽量提前介入，去等待发酵，而不是发酵后再去追，去赌下一次发酵。这与上面道理一样，第一天首板重点看，二板辅助看，三板以上观察就行了，越到高位分化就越大。

上面两条主动选，选完后其余的主动舍。

（三）舍弃跟风后排

交易过程中做高低切换，板块内龙三之外的票其实可以放弃了，不是不能做，只是做了之后溢价未必高，更何况依据前两条我们也不会选择后排。

比如，板块龙头预期溢价30%，往往赚几十个点非常容易，那么龙二溢价20%，往往赚10个点比较容易，那龙三以外的股票预期不够10%，只能赚5个点左右。

想赚得更多，就只能靠锁仓、靠熬、靠格局，潜伏下来慢慢等待，而锁仓的结果，有可能锁到亏损，等到的是震荡下跌，那还不如不做。所以看准头部去操作，后排尽量不作考虑，该舍弃就放弃。

也有另外一种情况，就是出现预期一致，如龙头一字板，此时可以盯着后排的换手涨停，这种股票辨识度高，溢价也不错。

如图112和图113所示，前期核污染概念龙头大湖股份，在4月13日

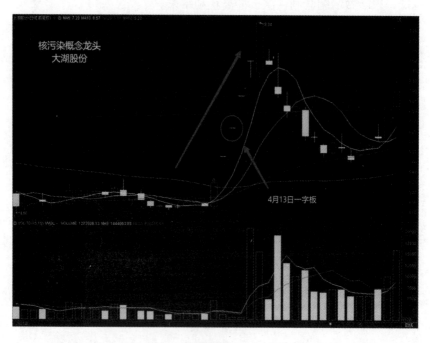

图 112

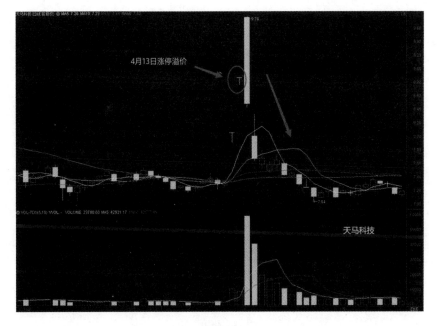

图 113

一字板，后排的天马科技当天是 T 板，给了一个涨停溢价，结果次日高开低走出现一根阴线，紧接着第三天跳空低开大阴线注定了它的命运，两天亏了 20%，那么这种票可以做吗？前面两个涨停板可以做，后面就要舍弃了。

（四）少做加速后的接力

股价一旦加速上涨，就意味着进入多头的单行道，很少会给你上车的机会，且进入加速阶段，股价也离见顶不远了，所以最好不要做加速后的接力，非要做的话除龙头外，一定要市场氛围比较好、赚钱效应比较强烈、有增量资金进场。

总之加速后的博弈性价比不高，做对了赚 8 个点左右，但是做错了，那就是"一地鸡毛"。

如图 114 所示，4 月 9 日次新股集体加速，次日已经不适合接力，因为次日属于加速后的博弈，只有在板块再度回暖的情况下才可能继续新一波的行情，如果没有回暖，那就是加速之后的退潮，按下了"核按钮"，赚十几个点非常难，亏十几个点是很容易的。

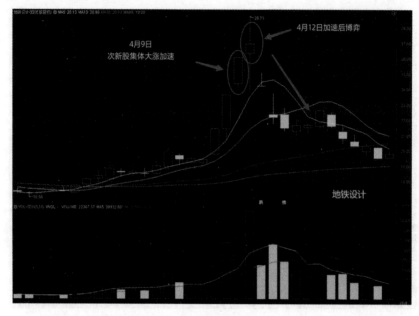

4月12日加速后博弈

4月9日
次新股集体大涨加速

地铁设计

图 114

如果某一个题材加速后难做，还可能是偶然性，倘若是集体性走势，则必然有共同原因，那就是加速后的亏钱效应很强，务必避开。

同期的征和工业走出了 5 连板，在 4 月 12 日的博弈中依旧涨停，那这种情况可以跟进吗？

如图 115 所示，征和工业确实走出了 5 连板，分时图是 4 月 12 日加速博弈走势，如果你在前一天的加速中介入，面对 12 日早盘的震荡走势，能否熬得住？如果出局了，那直接亏 7~8 个点，所以加速后的追高还是有很大的风险的。

小结：高低切换，听起来容易，但是做起来往往比较难，因为它直面的就是人性的弱点，看见大涨就爱跟风、总喜欢老题材、不重视稀缺性和辨识度、分歧时不敢买龙头，这些都是平时交易中的弊端，放在情绪上升时也许能赚到钱，毕竟整体是涨的；而一旦情绪下降，尤其是高低切阶段，亏钱太容易了，所以在今后的交易中要注意避开这些不良的操作习惯。今天的这节课希望对大家有所帮助，复盘时要仔细琢磨，<u>不要追高，看重首</u>

板，以低吸为主。

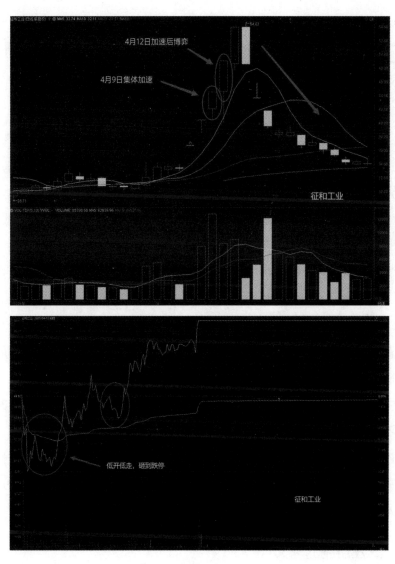

图 115

第二十课　注册制下的 A 股市场

　　股票市场总是物极必反、循环往复地运行，涨久必跌，跌久必涨，当运行周期到达上涨周期的时候，买进一些必然会被市场所挖掘出来的业绩稳定、盘子小但有大比例送配能力的股票，买进被市场严重低估的好股票，坐在那里等着那些拥有很多资金急切想进入市场的主力的挖掘和"抬轿"，等股票上涨到让人难以相信的价格而被那些疯狂的、不懂得风险的投资者高价抢购的时候，坚决地卖出所有筹码。

　　如今炒股变得越来越流行、越来越时髦，在高风险、高回报的诱惑下，很多人进入股市，因此有关炒股的攻略也层出不穷，比如，如何理解股票注册制。

　　注册制改革是我国资本市场改革的重要工程，是深化金融结构性改革的重要环节，市场关注度非常高。注册制改革回归了资本市场的本源，让公平融资的市场大门越开越大，是贯彻落实市场在资源配置中起决定性作用的重要体现，不但有利于健全具有高度适应性、竞争力、普惠性的现代金融体系，而且也有利于构建金融有效支持实体经济的体制机制。

一、注册制的含义

（一）定义

　　注册制是股票的一种发行制度，上市企业依法将信息资料公开，以书面文件形式交给证监会审查，只要材料真实有效就可以上市，而不需要对公司的价值做出评估，公司的价值最后由市场决定。注册制是成熟证券市场普遍采用的发行制度。

（二）特征

相比于核准制度，注册制更注重形式，并充分体现出市场改革的大方向，这意味着 A 股市场更具有开放性和包容性。

从某种程度上看，注册制放松了公司上市的条件，为更多的公司提供了融资的平台。我们知道 2019 年科创板在上交所开市，注册制正式落地；2020 年，深交所创业板开启注册制试点，到 2035 年全面实行股票发行注册制。

创业板跟随着科创板开启了注册制，交易规则上出现了明显的改变：

（1）创业板股票单日涨跌幅限制将从 10% 调整到 20%；

（2）新股上市前五日不设涨跌幅限制。

创业板第一批上市的 18 只个股被称为"18 罗汉"，上市首日不乏翻倍的股票，最牛公司康泰医学盘中暴涨 28 倍，尾盘飙升 2000%，在它的带动下，其他 17 只新股在收盘时出现大涨，其中 10 只涨幅超过 100%，产生了巨大的赚钱效应，由于这些新股的质量一般，因此炒作新股成了情绪玩法。

在创业板个股巨大的波动之下，确实让很多资金垂涎三尺，未来 A 股将全面实行注册制，这是大势所趋，我们提前教会大家如何玩转注册制，在创业板注册制下抓牛股。

二、选出创业板中的强势股

（一）基本面业绩为王

首先要重点关注财务报表，要区分某只股票是绩优股还是绩差股。其次要看季报、年报，季报、年报每年都有具体的公布时间，越早发布越好，显得上市公司底气足，越晚发布越感觉有猫腻，要选择其中业绩优良的个股。

（二）消息面热点题材

了解当下的宏观政策，关注市场热点，围绕主流题材捕捉机会。一个消息就可能带动一个题材，比如为了应对气候环境的变化，我们提出碳中和、碳达峰的新目标，随后碳中和板块爆发。当发现一条重要的消息时，就要持续关注它，然后收集相关的信息，跟踪相应的板块个股。

（三）技术面短线操作

把握总趋势，是整体上行还是处在下降通道，找到支撑位压力位，通过 K 线组合均线进一步确认其是否为强势股，下面我们用一组数据进行量化：

新股的价格比较低，在 10~20 元；

流通市值小于 15 亿元，最好是在 10 亿元左右。

这样的新股比较适合做短线交易，在无涨跌幅限制的前 5 个交易日，尤其上市的首个交易日，是资金最活跃的一天，当天进第二天出，同时控制好仓位。

第六个交易日结束无涨跌幅限制，开启 20% 涨跌幅限制，个股恢复龙虎榜。

三、观察市场情绪

当确定资金进攻的大概时间后，还需要当前市场情绪的配合，通过情绪好坏来判断资金是否真正回流创业板新股。那么哪些迹象值得关注呢？

（1）市场没有新的热点。在市场没有方向的情况下，资金去做新股的投机，这就是股民常说的弱市炒新。

（2）创业板正好赶上了几只优质新股连续大涨，出现赚钱效应，比如新股日内连续两次发出临停信号，一旦市场氛围被点燃，你会发现就连一支基本面平平的创业板新股，短期也会出现快速拉升，这个氛围就是我们等待的"东风"，当万事俱备后，我们就要展开相应的进攻。

四、创业板注册制下的战法

操作策略：可以逢低吸纳，同期间上市的新股基本面好的个股优先，因为主力机构往往选择优秀的个股展开跟进，故事好，未来资金就会源源不断地跟进。

（一）五连阳套利

交易策略：当新股出现了五连阳，这五根 K 线不意味着每天必须红盘，只要当日收盘价高于开盘价、K 线是红色的就可以，出现了这样的 K 线连阳形态，就表明是有资金控盘的股票，我们可以在第五个交易日的尾盘去潜伏。

如图 116 所示，这档个股是非常明显的连阳套利模式，在上市的前五个交易日，出现了五根阳线，我们可以在第五根 K 线的尾盘，展开一个伏击，之后随着股价强势上涨，我们继续持股，直到这档个股出现冲高回落疲软的现象后离场。

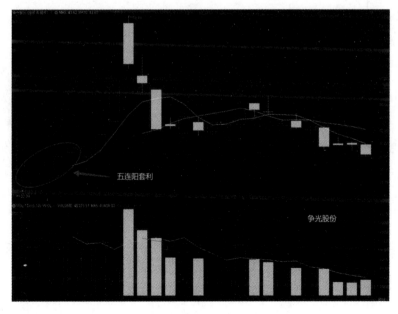

图 116

通过这种方式，我们可以用最小的风险，博取短期利润的最大化。当然，连阳套利模式也有一个缺点，就是交易的频率确实不太高，需要等到出现信号之后再展开跟进，但是它的优点是胜率很高，一旦出现五连阳获利概率非常大，所以这种战法大家一定要掌握。

（二）轮动套利

选择当前最具有赚钱效应的题材，从中寻找还没启动的低位品种，最好的品种是刚上市的品种，人气最高，这种套利的机会更多，属于板块内的低位轮动，毕竟 20cm 比 10cm 更具有诱惑力。

或者寻找一个题材内趋势上升的创业板小股票，有逻辑的首选，结合筹码形态，等着轮动就行了，虽然获利慢，但是风险小。

（三）人气股的低吸

低吸模式的范围比较广，比如烂板第二天低开弱转强，再比如系统性风险造成的低开预期差。低吸战法主要针对当前市场的人气股，如果一只人气股连续涨停后，还未到达头部，那么某日低开就可以低吸进攻。

核心逻辑：走连板的个股基本上都有一次回踩五日线的机会，五日线对于龙头来说就是生命线，一旦回踩就会吸引大量的资金回流，引起第二波的上攻，这个位置非常重要。五日线低吸我们跟进的重要点位，但要注意，向下击穿五日线时，就要离场。

如图 117 所示，这档个股也非常典型，前期出现了三连板后，股价高位调整，也是回踩五日线后开始重新上扬，这就是我们提到的人气股低吸战法，非常简单。当然，再进攻的同时，我们也要控制好风险，将止损设置在五日线附近，那么行情一旦启动的话，我们就可以用最小的风险博取上方一个比较大的利润。

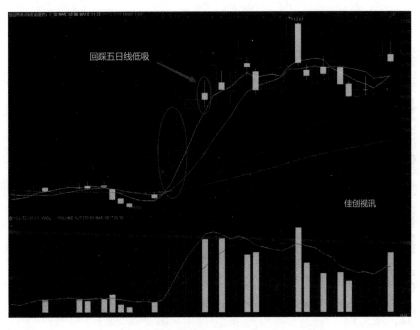

图 117

总结：创业板注册制的实施会加速交易者的操作方式向<u>低吸手法</u>转变，如果你原来是一个使用混合操作手法的交易者，那么建议你仔细地研究一下<u>低吸</u>操作，尽量围绕<u>板块人气股</u>，快进快出赚快钱。

任何战法都有利有弊，需要大家认真揣摩、熟练运用，在以后的实战中做到游刃有余。今天这节课给大家讲了注册制，还讲了注册制下创业板操作的几种常用战法，希望对大家的实战操作能够有所帮助，希望大家早日成为一名合格操盘手顺利上岸！

附录 2021年3月25日至4月21日部分股票连板数

时间	名称		连板数							
2021年 3月25日 周四	顺控发展		8	8	8	8	8	8	8	8
	乾景园林	博天环境	3	3	3	3				
	顺利办	亚联发展	3	3	3	3				
	世纪星源	蓝科高新	2	2						
	重庆燃气	岳阳林纸	2	2						
	一鸣食品	安妮股份	2	2						
	弘业股份	京蓝科技	2	2						
2021年 3月26日 周五		顺控发展	9	9	9	9	9	9	9	9
	乾景园林	顺利办	4	4	4	4				
	重庆燃气		3	3	3					
	雪迪龙	章源钨业	2	2						
	同力日升	葫芦娃	2	2						
	日播时尚	搜于特	2	2						
	迎丰股份	新赛股份	2	2						
	美邦服饰		2							

续表

时间	名称	连板数														
2021年3月29日周一	顺控发展	10	10	10	10	10	10	10	10	10	10					
	重庆燃气	4	4	4	4	4										
	雪迪龙 / 日播时尚	3	3	3	3											
	同力日升 / 迎丰股份	3	3	3												
	葫芦娃 / 新赛股份	3	3	3												
	美邦服饰	3	3													
	新疆交建 / 通宝能源	2	2													
	华森制药 / 新天绿能	2	2													
	英联股份 / 洪通燃气	2	2													
	深圳能源 / 新疆能源	2	2													
	正川股份 / 粤水电	2	2													
	铁岭新城 / 天元股份	2	2													
2021年4月6日周二	顺控发展	15	15	15	15	15	15	15	15	15	15	15	15	15	15	15
	美邦服饰	8	8	8	8	8	8	8	8							
	中电电机	6	6	6	6	6	6									
	中岩大地 / 泰坦股份	5	5	5	5	5										
	豫能控股 / 中化岩土	4	4	4	4											
	永茂泰	4	4	4	4											

续表

时间	名称	名称	连板数								
2021年4月6日 周二	华翔股份	银星能源	3	3	3	3					
	江苏新能	中晶科技	3	3	3						
	宝光股份	丹邦科技	2	2	2						
	天富能源	金发拉比	2	2							
	通用电梯	惠而浦	2	2							
	南天信息	文投控股	2	2							
		新华联	2	2							
2021年4月7日 周三		美邦服饰	9	9	9	9	9	9	9	9	9
		中电电机	7	7	7	7	7	7	7		
	泰坦股份	中岩大地	6	6	6	6	6	6			
	永茂泰	豫能控股	5	5	5	5	5				
	华翔股份	银星能源	4	4	4	4					
	宝光股份	丹邦科技	3	3	3						
	文投控股	金发拉比	3	3							
		通用电梯	3	3	3						
	安正时尚	雪人股份	2	2							
	长源电力	新天绿能	2	2							
	仁东控股	济民医疗	2	2							
	远望谷	舒华体育	2	2							

续表

时间	名称		连板数						
2021年4月8日 周四	泰坦股份		7	7	7	7	7	7	7
	金发拉比	丹邦科技	4	4	4	4	4	4	
	新天绿能	长源电力	3	3	3	3			
	舒华体育	远望谷	3	3	3	3			
	雪人股份		3	3	3				
	恒大高新	征和工业	2	2					
	云南能投	葫芦娃	2	2					
	地铁设计	本钢板材	2	2					
	凌钢股份	安阳钢铁	2	2					
	章源钨业		2	2					
2021年4月9日 周五	泰坦股份		8	8	8	8	8	8	8
	金发拉比	舒华体育	5	5	5	5	5		
	长源电力	长源电力	4	4	4	4			
	雪人股份		4	4	4	4			
	葫芦娃	地铁设计	3	3	3				
	云南能投	征和工业	3	3	3				
	安阳钢铁	安阳钢铁	3	3	3				
	雪峰科技	华锋股份	2	2					

续表

时间	名称	名称	连板数					
2021年4月9日 周五	共创草坪	览海医疗	2	2				
	华闽集团	中路股份	2	2				
	华特达因		2	2				
	金发拉比		6	6	6	6	6	6
	长源电力		5	5	5	5	5	
	葫芦娃	云南能投	4	4	4	4		
	安阳钢铁	征和工业	4	4	4	4		
	共创草坪	华闽集团	3	3	3			
	海天股份		3	3	3			
2021年4月12日 周一	文投控股	保龄宝	2	2				
	丽人丽妆	国光连锁	2	2				
	重庆钢铁	华神科技	2	2				
	海南海药	中材节能	2	2				
	豫能控股	闽东电力	2	2				
	祥龙电业	高乐股份	2	2